一 卵かけ

冷蔵庫にいつもある卵。
卵さえあれば、こんなにいろいろ作れます。
特に好きなのは、黄身の部分。
黄身だけの卵かけごはんや、目玉焼きのっけごはん、
黄身も白身もおいしく食べられる工夫がいっぱいです。

卵黄チーズバター

みんなが知っている
おなじみの卵かけごはんに、
溶けるタイプのスライスチーズと
バターを足しました。
これだけでコクが出て、栄養満点、
濃厚な卵かけごはんに
生まれ変わります。

◎材料（1人分）
卵黄…1個分
溶けるスライスチーズ…1枚
バター…小さじ1
しょうゆ、粗びき黒こしょう…各少々
ごはん…茶碗に大盛り1杯分

① ごはんにスライスチーズ、卵黄、バターをのせ、
しょうゆ、黒こしょうをかける。全体を混ぜて食べる。

＼ ラクなのに絶品！ ╱

のっけごはん＆
のっけパン170

瀬尾幸子

いただきま〜す

もくじ

この本での約束ごと

・1カップは200ml、大さじ1は15ml、小さじ1は5mlです。大さじはカレースプーン、小さじはティースプーンでも代用できます。

・「ひとつまみ」とは、親指、ひとさし指、中指の3本で軽くつまんだ量のこと。

・オリーブ油は「エキストラ・バージン・オリーブオイル」を使っています。

・ごはんは、温かいものを用意してください。「茶碗に大盛り1杯分」＝250gです。

・だし汁は、昆布、かつお節、煮干しなどでとったものを使ってください。和風の顆粒だしを湯で溶いたものでもOKです。

・電子レンジの加熱時間は、500Wのものを基準にしています。600Wの場合は0.8倍の時間を目安にしてください。機種によっては多少差が出ることもあります。

ゆで卵の作り方

卵（冷蔵庫から出してすぐのもの）は、先が丸いほうに画びょうで穴をあけ、
塩少々を加えた熱湯にお玉を使って静かに入れる。最初の1分は転がしながら、
あとは好みの時間ゆでる（下参照）。冷水にとって冷やし、水の中で殻をむく。

《ゆで時間》　とろとろ…………6〜7分　　真ん中がやわらかいくらい…9〜10分半
　　　　　　　かたゆで…………11分

みそ卵

塩卵

カレーピクルス卵

しょうゆ卵

【材料と作り方（4個分）】
水1カップに塩大さじ1を
溶かし、殻にひびを入れた
ゆで卵を熱いうちに加え、
ひと晩漬ける。
塩水ごと冷蔵室で保存し、
日持ちは約1週間。

【材料と作り方（4個分）】
酢1カップ、砂糖大さじ5、
カレー粉・塩各小さじ1を
合わせ（酸っぱいのが苦手
なら、一度煮立てて冷ます）、
ゆで卵、玉ねぎ（くし形切り）
1/4 個を加え、
3時間以上漬ける。
冷蔵室で保存し、
日持ちは約2週間。

【材料と作り方（4個分）】
みそ1/2 カップ、みりん大さじ1を
合わせ、ラップに等分にのせて
ゆで卵が出ないように包み、
ひと晩漬ける。冷蔵室で保存し、
日持ちは約10日。

【材料と作り方（4個分）】
鍋にしょうゆ大さじ3、
みりん大さじ1、水1カップ、
にんにく（半分に切る）1かけ、
しょうが（薄切り）4枚、
市販のチャーシュー（あれば）4枚
を入れて煮立たせ、熱いうちに
ゆで卵を加え、そのまま冷ます。
煮汁ごと冷蔵室で保存し、
日持ちは約4日。

卵黄 オリーブ油 しょうゆ

バターとしょうゆは、
誰もが大好きな組み合わせですが、
この頃、オリーブオイルとしょうゆの
組み合わせにハマっています。
レモン汁を少しかけると、
コクがあるのにあっさりとした、
新鮮な感じの卵かけごはんになります。

◎材料（1人分）
卵黄…1個分
万能ねぎ（小口切り）…2本
オリーブ油、レモン汁…各小さじ1
しょうゆ…小さじ1〜1½
ごはん…茶碗に大盛り1杯分

① ごはんに卵黄をのせ、オリーブ油、レモン汁、しょうゆをかけ、
万能ねぎ、レモンのスライス少々（分量外）をのせる。全体を混ぜて食べる。

温泉卵と納豆

納豆に合わせるといえば、長ねぎのみじん切りが定番ですが、試しに玉ねぎにしてみたら、辛みも歯ごたえもとても合うのです。これ、長ねぎを買い忘れた時に発見しました。

◎材料（1人分）

温泉卵…1個

納豆…1パック（40g）

A｜玉ねぎ（みじん切り）…大さじ3
　｜しょうゆ、粒マスタード…各少々

青じそ（せん切り）…3枚

ごはん…茶碗に大盛り1杯分

① 納豆はAを加え、よく混ぜる。

② ごはんに青じそ、①、温泉卵をのせ、粒マスタード少々（分量外）を添える。

温玉明太バター

明太子スパゲッティの
ごはんバージョン。
温泉卵と魚卵、
卵のダブル使いで
一層おいしくなります。

◎材料（1人分）
温泉卵…1個
明太子（薄皮をとる）…大さじ2
万能ねぎ（小口切り）…2本
バター…小さじ1½
粗びき黒こしょう…少々
ごはん…茶碗に大盛り1杯分

① ごはんに温泉卵、明太子、
万能ねぎ、バターをのせ、
黒こしょうをふる。
好みでしょうゆをかけて食べる。

温玉とろろオクラ

ねばねばするものを
たっぷりのせたごはんです。
温泉卵ものせて、
滋養満点。
食欲のない時も、
するっと食べられます。

◎材料（1人分）
温泉卵…1個
長いも…6cm
オクラ…2本
削り節…1パック（3g）
しょうゆ…少々
ごはん…茶碗に大盛り1杯分

① 長いもは皮をむいてポリ袋に入れ、すりこ木などで
1cm角くらいのかたまりが残るくらいにたたく。

② オクラは塩ゆでし、小口切りにする。

③ ごはんに削り節、しょうゆをかけ、
①、②、温泉卵をのせる。しょうゆ少々（分量外）を
かけ、全体を混ぜて食べる。

目玉焼きとウインナ

目玉焼きを半熟に焼き、しょうゆをかけて、卵かけごはん風にして食べます。とろりとした黄身がごはんにしみて、おいしいですよ。ウインナには、塩もふったほうがおいしい。しょうゆをかけて食べますが、

いただきま〜す

ぐるぐる〜

ひっくり返してぎゅっぎゅっ

しょうゆをちら…

分けてく〜

◎材料（1人分）
卵…1個
ウインナ…3本
サラダ油…小さじ1
ごはん…茶碗に大盛り1杯分
塩、粗びき黒こしょう、しょうゆ…各少々

① ウインナは包丁で細かく切り目を入れ、サラダ油を熱したフライパンで焼く。

② あいたところに卵を割り入れ、中火でふたをせずに、黄身が半熟状の目玉焼きを作る。

③ ごはんに①、②をのせ、塩、黒こしょうをふる。しょうゆをかけて食べる。

目玉焼きと粉チーズ

目玉焼きを焼く油を
オリーブオイルにして、
黒こしょうをきかせます。
チーズとしょうゆは
発酵食品同士、
とても相性がいいんです。

◎材料（1人分）
卵…1個
粉チーズ…小さじ2
オリーブ油…小さじ1
ごはん…茶碗に大盛り1杯分
塩、粗びき黒こしょう、しょうゆ…各少々

① フライパンにオリーブ油を熱し、
　卵を割り入れ、中火でふたをせずに
　黄身が半熟状の目玉焼きを作る。

② ごはんに①、粉チーズをのせ、
　オリーブ油少々（分量外）、塩、
　黒こしょう、しょうゆをかけて食べる。

目玉焼きともみのり

ごく普通の目玉焼きごはんも、
こんなに和風になります。
削り節をかけてもおいしい。
ほら、
のり段々べんとう風です。

◎材料（1人分）
卵…1個
焼きのり…全形½枚
削り節…1パック（3g）
サラダ油…小さじ1
ごはん…茶碗に大盛り1杯分
しょうゆ、七味唐辛子、野沢菜漬け…各適量

① フライパンにサラダ油を熱し、
　卵を割り入れ、中火でふたをせずに
　黄身が半熟状の目玉焼きを作る。

② ごはんに削り節、ちぎったのり、①をのせ、
　しょうゆ、七味唐辛子をかけ、野沢菜を添える。

キムチスクランブルエッグ

キムチのうまみを
卵でとじこめて、
スクランブルエッグにします。
キムチは油で炒めると、
酸味が飛んで
うまみとコクが増します。

◎材料（1人分）
卵…1個
白菜キムチ（みじん切り）…大さじ2
ごま油…小さじ1
ごはん…茶碗に大盛り1杯分
万能ねぎ（小口切り）…1本
しょうゆ、白いりごま…各小さじ1
韓国のり（あれば）…適量

① フライパンにごま油を熱し、
　白菜キムチを中火でさっと炒める。

② 溶いた卵を流し入れ、大きくゆっくり混ぜて、
　やわらかいスクランブルエッグを作る。

③ ごはんにしょうゆをかけて②をのせ、
　万能ねぎ、白ごまをふり、韓国のりを添える。
　韓国のりに包んで食べてもいい。

ねぎみそいり卵

ごはんに合ううみそ味で、
いり卵を作ってみました。
みそを少し多めにすると、
ごはんがすすみます。

◎材料（1人分）
卵…1個
A｜みそ…小さじ1½
　｜牛乳…小さじ1
長ねぎ（粗みじん切り）…5cm
ごま油…小さじ1
ごはん…茶碗に大盛り1杯分
削り節…1パック（3g）
みそ、七味唐辛子…各少々

① フライパンにごま油を熱し、長ねぎを中火で炒め、
　しんなりしたらAを混ぜた卵を流し入れ、
　大きくゆっくり混ぜて半熟状に火を通す。

② ごはんに削り節、①、みそ（好みで）をのせ、
　七味唐辛子をふる。

とろとろチーズスクランブルエッグ

チーズ入りのオムレツと同じ味ですが、作り方は、こちらのほうが簡単。卵の火の通り具合もお好みで、トロトロからほろほろまで自由自在です。

フライパンにバターを溶かし、卵液を一気に流し入れる。火加減は中火で。

木ベラで卵を大きく、ゆっくり混ぜる。細かく混ぜると、そぼろになってしまうので注意。

◎材料（1人分）
卵…1個
A | 牛乳…小さじ1
　 | 塩、こしょう…各少々
溶けるスライスチーズ（ちぎる）…1枚
バター…小さじ1
ごはん…茶碗に大盛り1杯分
しょうゆ、ドライパセリ（あれば）、ケチャップ…各適量

① 卵は割りほぐし、Aを加えて混ぜる。

② フライパンにバターを中火で溶かし、①を流し入れ、チーズを加えて大きくゆっくり混ぜて、やわらかいスクランブルエッグを作る。

③ ごはんにのせ、しょうゆ、パセリをかけ、ケチャップを添える。

コロッケの卵とじ

卵はコロッケのまわりに
流し入れるようにすると、
ころもの
カリッとしたところ、
だし汁のしみたところ、
両方が味わえます。

◎材料（1人分）
市販のコロッケ…1個
玉ねぎ（くし形切り）…¼個
卵…1個
A｜市販のめんつゆ（3倍濃縮）…大さじ2
　｜水…¾カップ
ごはん…茶碗に大盛り1杯分
万能ねぎ（小口切り）…適量

① 小鍋にA、玉ねぎを入れて煮立たせ、
玉ねぎがやわらかくなるまで中火で煮る。

② 食べやすく切ったコロッケを加え、
溶いた卵をコロッケのまわりに流し入れ、
ふたをして中火で10秒ほど火を通す。

③ ごはんに煮汁ごとのせ、万能ねぎを散らす。

揚げ玉の卵とじ

揚げ玉の油が、
ぐっとコクを出してくれます。
カリカリの食感が
おいしいので、
半分はあとから加えて。

◎材料（1人分）
揚げ玉…大さじ3
長ねぎ（斜め薄切り）…10cm
スナップえんどう（筋をとって斜め3等分に切る）…4本
卵…1個
A｜市販のめんつゆ（3倍濃縮）…大さじ2
　｜水…¾カップ
ごはん…茶碗に大盛り1杯分

① 小鍋にA、長ねぎ、スナップえんどうを入れて煮立たせ、
野菜がやわらかくなるまで中火で煮る。

② 揚げ玉の半量を加え、溶いた卵を流し入れ、
ふたをして中火で火を通し、残りの揚げ玉も加える。
ごはんに煮汁ごとのせる。

シュウマイの卵とじ

昔、お肉屋さんで買ったシュウマイは、電子レンジがまだなかったので蒸して温め、ソースで食べるのが好きでした。中華料理店のシュウマイとは、ちょっと違うおいしさです。シュウマイに卵を足して、一層ごはんに合うようにしました。

◎材料（1人分）
市販のシュウマイ…3個
卵…1個
ごはん…茶碗に大盛り1杯分
キャベツ（せん切り）…1枚
マヨネーズ、中濃ソース…各適量

① フライパンに縦4等分に切ったシュウマイ、水大さじ2を入れ、ふたをして中火で蒸し煮にする。

② シュウマイが温まったら、溶いた卵を流し入れ、ふたをして中火で好みのかたさに火を通す。

③ ごはんにキャベツ、②を煮汁ごとのせ、マヨネーズとソースをかける。

にら玉の甘酢あん

天津丼風のあんかけごはんです。甘酸っぱいあんをたっぷりかけていただきます。この甘酢あん、酢豚やかに玉、鶏から揚げにも使えますよ。

◎材料（1人分）
にら（ざく切り）…¼束
卵…2個
A｜塩、こしょう…各少々
サラダ油…小さじ2
甘酢あん｜しょうゆ、砂糖、酢…各大さじ1
　　　　｜水…½カップ
　　　　｜片栗粉…小さじ1
ごはん…茶碗に大盛り1杯分

① 卵は割りほぐし、Aを加えて混ぜる。

② フライパンにサラダ油を熱し、にらを中火でしんなりするまで炒める。
①を流し入れ、大きくゆっくり混ぜて半熟状に火を通し、ごはんにのせる。

③ 同じフライパンに甘酢あんの材料を入れ、
中火で混ぜながら煮立ててとろみをつけ、②にたっぷりかける。

二 缶詰・びん詰 のっけ

とっても長持ち、いざという時に役立つ食品です。

そのままでもおいしく食べられますが、

ひと工夫して野菜や調味料を足すと、

立派なおかずに変身します。

火を使わない、ラクラクのっけごはんもあります。

焼き鳥缶のサラダ風

鶏の照り焼きの代わりに、お手軽な焼き鳥缶を使いました。これをパンにはさみ、照り焼きサンドにしてもおいしいです。

◎材料（1人分）
焼き鳥缶（たれ味）…小1缶
レタス（せん切り）…1枚
かいわれ（ざく切り）…¼パック
ごはん…茶碗に大盛り1杯分
マヨネーズ、七味唐辛子…各適量

① 小鍋に焼き鳥缶を汁ごとあけ、弱めの中火で温める（電子レンジでもOK）。

② ごはんにレタスとかいわれ、①を汁ごとのせ、マヨネーズ、七味唐辛子をかける。

焼き鳥

塩味の焼き鳥缶を
ぐんとボリュームアップ。
万能ねぎ、青じそ、
バジルなど、
薬味を替えてみるのも
おすすめです。

◎材料（1人分）
焼き鳥缶（塩味）…小1缶
卵…1個

A｜牛乳…小さじ1
　｜塩、こしょう…各少々
バター…小さじ1

しょうゆ…小さじ2
ごはん…茶碗に大盛り1杯分
粗びき黒こしょう、香菜（ざく切り）、
　レモン…各適量

① フライパンにバターを中火で溶かし、Aを混ぜた卵を流し入れ、
大きくゆっくり混ぜて半熟状に火を通す。

② 小鍋に焼き鳥を汁ごとあけ、弱めの中火で温める（電子レンジでもOK）。

③ ごはんにしょうゆをかけ、①、②をのせて黒こしょうをふり、香菜、レモンを添える。

さば缶キムチ

何にもない時に役立つ、缶詰を使った丼ですが、さば缶を豚肉に替えてもとてもおいしくできます。卵を一緒に炒め合わせると、まろやかなキムチ炒めになります。

◎材料（1人分）
さばの水煮缶（汁けをきる）…½缶（100g）　　　しょうゆ…小さじ1
白菜キムチ（ざく切り）…70g　　　　　　　　　ごま油…小さじ2
長ねぎ（斜め薄切り）…10cm　　　　　　　　　ごはん…茶碗に大盛り1杯分

① フライパンにごま油を熱し、長ねぎを中火でしんなりするまで炒め、粗くほぐしたさば缶、白菜キムチを加えて炒め合わせる。

② 全体に油が回ったら、しょうゆで味つけし、ごはんにのせる。

さば！

いわし缶のビビンパ風

ごはんにのせるナムルは、
歯ごたえシャッキリなほうが
おいしいです。
生しいたけや小松菜を足して、
具だくさんナムルにしても。

◎材料（1人分）
いわしの味つき缶…1缶（100g）
もやし…½袋（100g）
にんじん（せん切り）…2cm

A ┃ ごま油…小さじ1
┃ にんにく（すりおろす）…¼かけ
┃ 鶏ガラスープの素…ひとつまみ
┃ 塩、こしょう…各少々

市販の焼き肉のたれ…小さじ2
コチュジャン…小さじ1
ごはん…茶碗に大盛り1杯分
かいわれ、白いりごま…各適量

いわし〜

① もやしとにんじんはさっと塩ゆでし、湯をきってAであえる。

② いわし缶は骨ごと食べやすくほぐす。

③ ごはんに焼き肉のたれをかけ、①、②、ざく切りのかいわれをのせ、
コチュジャンを添えて白ごまをふる。全体を混ぜて食べる。

ツナとコーンのサラダ風

コーンのプチプチした歯ごたえと、甘みが生きています。この具の組み合わせのサンドイッチも、おすすめです。

◎材料（1人分）
ツナ缶…小1缶（80g）
A｜玉ねぎ（みじん切り）、
　｜マヨネーズ…各大さじ2
コーン缶（ホール）…大さじ3
水菜（ざく切り）…小1/2株
しょうゆ…少々
ごはん…茶碗に大盛り1杯分

① Aは合わせて5分おき、
汁けをきったツナを加えて混ぜる。
好みで七味唐辛子を加えてもいい。

② ごはんに水菜、コーンをのせて
しょうゆをかけ、①をのせる。

ツナ〜

のりつくだ煮と青唐辛子のしょうゆ漬け

青唐辛子のしょうゆ漬けは、冷や奴にチャーハンに重宝します。漬けたしょうゆも使えます。日持ちするので、ぜひ作ってみて。

のりつくだ煮

◎材料（1人分）
のりのつくだ煮…大さじ2
青唐辛子のしょうゆ漬け★…小さじ2〜大さじ1
白すりごま…小さじ2
ごはん…茶碗に大盛り1杯分

① ごはんにすりごまをふり、のりのつくだ煮、
青唐辛子をのせ、青唐辛子の漬け汁をかける。

★青唐辛子のしょうゆ漬け
青唐辛子（20本）はヘタをとって
小口切りにし、清潔なびんに入れ、
かぶるくらいのしょうゆ（約1/2カップ）を
注いでひと晩以上おく。
冷蔵室で保存し、日持ちは約3か月。

ザーサイ チャーシュー炒め

しょうがをたっぷり加えて炒めると、ぐんと食欲が増します。しょうゆを加えずに、ただごま油で炒めてビールのつまみにしても、よく合います。

◎材料（1人分）

味つきザーサイ（びん詰）…約⅓びん（30g）
市販のチャーシュー…4〜6枚
しょうが（せん切り）…薄切り4枚
しょうゆ…小さじ½
ごま油…小さじ½
ごはん…茶碗に大盛り1杯分

① ザーサイとチャーシューは2〜3cm幅に切る。

② フライパンにごま油を熱し、しょうがを中火で香りが出るまで炒め、①を加えてさっと炒める。しょうゆで味つけし、ごはんにのせる。

なめたけとのり

すだちの香りと酸味で、さわやかな味です。大根おろしを添えると、のどごしがよくなります。

◎材料（1人分）
なめたけ（びん詰）…大さじ3
焼きのり…全形½枚
大根おろし…大さじ3
しょうゆ…少々
ごはん…茶碗に大盛り1杯分
すだち…¼個

① ごはんになめたけ、ちぎったのりを加えて混ぜる。

② 器に盛り、軽く水けを絞った大根おろしをのせてしょうゆをかけ、すだちを添える。

なめたけ♡

なめたけキムチ

キムチは炒めると、酸味がやわらぎ、よりおいしくなります。ごはんにのせずに、そのままおつまみにしても。

◎材料（1人分）
なめたけ（びん詰）…大さじ3
白菜キムチ（ざく切り）…50g
ごま油…小さじ1
ごはん…茶碗に大盛り1杯分
万能ねぎ（小口切り）…1本

① フライパンにごま油を熱し、白菜キムチを中火でさっと炒め、火を止めてなめたけを混ぜる。

② ごはんにのせ、万能ねぎを散らす。

三 納豆・豆腐・加工品のっけ

大豆製品は栄養満点、経済的なうえに、調理するのが簡単ときています。

意外な組み合わせがあるかもしれませんが、朝ごはんだけでなく、昼も、夜も、ぜひお試しください。

納豆 玉ねぎ マヨ

玉ねぎの歯ざわりが、いい感じです。
マヨネーズであえると、
納豆が苦手な人にも
食べやすくなります。

◎材料（1人分）
納豆…1パック（40g）
A｜玉ねぎ（みじん切り）
　｜　…大さじ1½
　｜マヨネーズ…小さじ2
青じそ（せん切り）…4枚
しょうゆ…小さじ1
ごはん…茶碗に大盛り1杯分
七味唐辛子…少々

① 納豆はAを加え、よく混ぜる。
　好みで練りがらしを加えてもおいしい。

② ごはんにしょうゆをかけ、青じそ、①をのせ、
　七味唐辛子をふる。

納豆 めかぶ しょうが

ねばねばダブルのつけごはん。
朝ごはんにもおすすめです。
温泉卵を足してもおいしいです。

◎材料（1人分）
｜納豆…1パック（40g）
｜しょうゆ…小さじ2
めかぶ…1パック（50g）
焼きのり…全形½枚
万能ねぎ（小口切り）…2本
しょうが（すりおろす）…小さじ1
ごはん…茶碗に大盛り1杯分

① 納豆はしょうゆを加え、
　菜箸で30秒ほどかき混ぜる。

② ごはんにちぎったのり、めかぶ、①、
　万能ねぎ、しょうがをのせる。

納豆ベーコン炒め

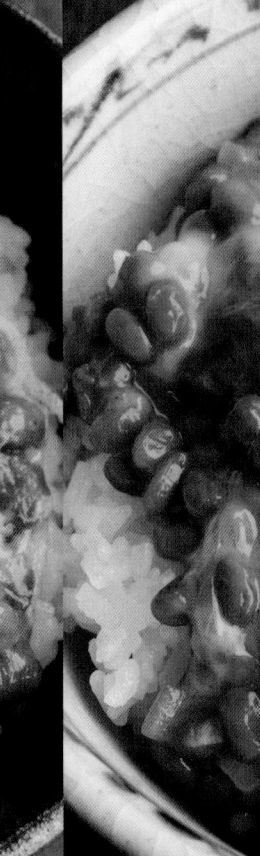

ベーコンとの相性もいいんです。

納豆は炒めると香りが立ちますが、くさみは消えます。

◎材料（1人分）
| 納豆…1パック（40g）
| しょうゆ…小さじ1
ベーコン（1cm幅に切る）…2枚
卵…1個
A | 牛乳…大さじ1
　 | 塩、粗びき黒こしょう…各少々
バター…小さじ1
ごはん…茶碗に大盛り1杯分
万能ねぎ（小口切り）…適量

① 納豆はしょうゆを混ぜ、卵は割りほぐしてAを混ぜる。

② フライパンにバターを溶かし、
ベーコンを中火で脂が出るまで炒める。
納豆を加えて粘りがなくなってきたら、
卵液を流して混ぜながら半熟状に火を通す。

③ ごはんにのせ、万能ねぎを散らす。

チーズ納豆

納豆とチーズって、びっくりする組み合わせでしょうか。どちらも発酵食品のせいか、実はとてもよく合うんです。

◎材料（1人分）
| 納豆…1パック（40g）
| しょうゆ…小さじ1
玉ねぎ（みじん切り）…大さじ2
溶けるスライスチーズ…1枚
バター…小さじ1
ごはん…茶碗に大盛り1杯分
かいわれ（ざく切り）…適量

① 納豆はしょうゆを加えて混ぜ、
スライスチーズは2cm角にちぎる。

② フライパンにバターを溶かし、
玉ねぎを中火でしんなりするまで炒め、
納豆、チーズを加えて炒め合わせる。

③ チーズが溶けたらごはんにのせ、かいわれを添える。

ふわふわ納豆オムレツ

納豆のねばねばで、
あっという間に
ふわふわに泡立ちます。
納豆の香りを
卵が包んでくれるので、
マイルドな味わいに。

◎材料（1人分）
ひき割り納豆…1パック（40g）
卵…1個
しょうゆ…小さじ2
バター…小さじ1
しょうゆ…少々
ごはん…茶碗に大盛り1杯分
万能ねぎ（小口切り）…2本

① ボウルに納豆、卵、しょうゆを入れ、
菜箸でふわふわになるまで1分ほどかき混ぜる。

② フライパンにバターを溶かし、①を流し入れ、
弱火で片面に火を通したら、
半分に折ってふたをして2分ほど焼く。

③ ごはんにのせてしょうゆをかけ、
万能ねぎを散らす。

冷たい薬味豆腐

豆腐と同量くらいの
薬味が入っていて、
体にやさしいごはんです。
薬味はとんぶり、青じその実、
ちりめん山椒などでも。

◎材料（1人分）
木綿豆腐…¼丁（約80g）
きゅうり（粗みじん切り）…⅓本
長ねぎ（粗みじん切り）…5cm
みょうが（粗みじん切り）…1個
青じそ（粗みじん切り）…4枚
A │ みそ、白いりごま…各大さじ1
　 │ しょうゆ…小さじ1
ごはん…茶碗に大盛り1杯分

① 豆腐はキッチンペーパーに5分のせて
　 軽く水けをきり、手で細かくくずす。

② 野菜、Aを加えてよく混ぜ、
　 ごはんにのせる。

あんかけ豆腐

たっぷりのしょうがが、
体を温めてくれます。
塩昆布がポイントなので、
くれぐれも忘れずに。
ゆずの皮を加えても美味。

◎材料（1人分）
絹ごし豆腐…½丁（150g）
あん │ だし汁…1カップ
　　 │ 薄口しょうゆ、片栗粉…各大さじ1
　　 │ 塩…小さじ⅓
塩昆布（細切り）…適量
しょうが（すりおろす）…小さじ2
ごはん…茶碗に大盛り1杯分

① 鍋にあんの材料を入れ、中火で混ぜながら
　 煮立ててとろみをつける。

② 豆腐をスプーンで大きめにすくって加え、温める。

③ ごはんに塩昆布を散らし、②、しょうがをのせる。

油揚げは、
冷凍しておくと
重宝する食材。
熱湯をかけると
すぐに解凍できるし、
余分な油もとれます。

豆腐は大きいまま、
全体をこんがりと
焼きつけます。
揚げ玉のカリカリ感を
残したいので、
最後に加えましょう。

◎材料（1人分）
油揚げ…½枚
長ねぎ（斜め薄切り）…10cm
生しいたけ（薄切り）…1個
絹さや（斜め半分に切る）…4枚
卵…1個
A　市販のめんつゆ
　　（3倍濃縮）…大さじ2
　　水…¾カップ
ごはん…茶碗に大盛り1杯分

油揚げの卵とじ

① 油揚げはキッチンペーパーで包み、
　しっかり押して余分な油をとり、1.5cm角に切る。

② 小鍋にA、①、野菜を入れて煮立たせ、
　野菜がやわらかくなるまで煮る。

③ 溶いた卵を流し入れ、ふたをして中火で
　好みのかたさに火を通し、ごはんに煮汁ごとのせる。

◎材料（1人分）
木綿豆腐…½丁（150g）
揚げ玉…大さじ3
長ねぎ（斜め薄切り）…½本
生しいたけ（薄切り）…2個
しょうが（すりおろす）…小さじ1
A　塩…小さじ⅓
　　鶏ガラスープの素…小さじ¼
　　しょうゆ、こしょう…各少々
ごま油…小さじ2
ごはん…茶碗に大盛り1杯分

豆腐と揚げ玉炒め

① 豆腐はキッチンペーパーで水けをふき、
　ごま油を熱したフライパンの中火で全体を焼く。
　あいたところに野菜を入れ、しんなりするまで炒める。

② 豆腐にこげ目がついたら、ヘラでひと口大に切って
　野菜と混ぜ、Aで味つけする。

③ 最後に揚げ玉を加え、ごはんにのせる。

厚揚げの代わりに
豚肉や鶏肉で作れば、
より食べごたえが出ます。
その時は、肉に小麦粉を
まぶしてから炒めると、
うまみが逃げません。

あっさりとした
しょうが炒めを
ごはんに合わせました。
紅しょうがが
味のアクセントなので、
たっぷりのせて。

厚揚げのオイスターソース炒め

◎材料（1人分）
厚揚げ…1枚（100g）
にんにくの芽…10本
A ┌ 長ねぎ（斜め薄切り）…10cm
　├ しょうが（せん切り）…薄切り4枚
　└ 赤唐辛子（小口切り）…少々
B ┌ しょうゆ…小さじ2
　├ オイスターソース…小さじ1½
　├ 鶏ガラスープの素…小さじ¼
　├ 塩、こしょう…各少々
　├ 水…½カップ
　└ 片栗粉…小さじ1
ごはん…茶碗に大盛り1杯分

① 厚揚げはキッチンペーパーでおさえて
余分な油をとり、1cm厚さのひと口大に切る。
にんにくの芽は3cm長さに切る。

② フライパンにごま油小さじ1（分量外）を熱し、
Aを中火でさっと炒め、にんにくの芽を加えて炒める。

③ しんなりしたら厚揚げを加え、混ぜたBを加えて
煮立たせ、とろみがついたらごはんにのせる。

油揚げとキャベツ炒め

◎材料（1人分）
油揚げ…½枚
キャベツ（短冊切り）…1枚
A ┌ しょうが（すりおろす）…小さじ2
　└ しょうゆ…小さじ2
サラダ油…小さじ1
ごはん…茶碗に大盛り1杯分
削り節…1パック（3g）
紅しょうが…適量

① 油揚げはキッチンペーパーで包み、
しっかり押して余分な油をとり、短冊切りにする。

② フライパンにサラダ油を熱し、
キャベツと油揚げを中火で炒め、
しんなりしたらAをからめる。

③ ごはんに削り節をふり、
②、紅しょうがをのせる。

ここではキャベツは
ゆでていますが、
電子レンジで加熱すると、
ぐんと甘みが出ます。
この具を混ぜ合わせれば、
ゆでキャベツのサラダに変身。
簡単にできる副菜としても、
覚えておくと重宝します。

◎材料（1人分）
ハム…2枚
キャベツ…1枚
A｜オリーブ油…小さじ1
　｜塩、こしょう…各少々
B｜マヨネーズ、万能ねぎ（小口切り）…各大さじ1
　｜牛乳…小さじ1
　｜塩、こしょう…各少々
ごはん…茶碗に大盛り1杯分
しょうゆ、粗びき黒こしょう…各少々

① キャベツは短冊に切り、さっと塩ゆでし、湯をきってAをからめる。

② ごはんに①、4等分に切ったハム、混ぜたBをのせ、しょうゆ、黒こしょうをかける。

焼き魚肉ソーセージ

魚肉ソーセージは
油と相性がいいので、
少し多めの油で、
しっかりと焼きつけます。
塩、こしょうするだけでも
おいしいですが、ほんのちょっぴり
カレー粉をふるのがミソ。

◎材料（1人分）
魚肉ソーセージ…1本
しょうゆ…小さじ1
カレー粉…ひとつまみ
サラダ油…小さじ2
ごはん…茶碗に大盛り1杯分
かいわれ（ざく切り）、マヨネーズ…各適量

① 魚肉ソーセージは斜め薄切りにし、サラダ油を熱したフライパンの中火で
両面にこげ目がつくまで焼き、しょうゆをからめる。

② ごはんにのせ、カレー粉をふり、かいわれ、マヨネーズを添える。

インチキ天丼

見た目は天ぷらではありませんが、ひと口食べれば、ちゃんと天丼。卵でとじてもおいしいですよ。

◎材料（1人分）
殻つきえび（ブラックタイガーなど）…3尾
揚げ玉…½カップ
A　市販のめんつゆ（3倍濃縮）…大さじ2
　　水…120㎖
ごはん…茶碗に大盛り1杯分
ししとう…3本

① えびは尾を残して殻をむき、背ワタをとり、腹側に包丁で数か所切り目を入れ、背側にぎゅっとそらしてまっすぐにする。

② 鍋にAを煮立たせ、①を加えてさっと煮、揚げ玉を加える。

③ 揚げ玉がふやけきらないうちにごはんにのせ、フライパンで焼いたししとうを添える。

えびの色が変わったら、揚げ玉をえびの上に散らす。これで、食べれば「天丼」に。

ちくわのかば焼き

こげ目をつけたいので、魚焼きグリルで焼くのがおすすめ。たれをつけながら2〜3回焼くと、味がしっかりからみます。

◎材料（1人分）
ちくわ…2本
A　しょうゆ、みりん
　　…各小さじ2
ごはん…茶碗に大盛り1杯分
粉山椒、たくあん…各適量

① ちくわは縦半分に切り、片端を金串（または塩水に浸した竹串）に刺す。

② Aを混ぜたたれをつけながら、魚焼きグリルかフライパンの中火でこげ目がつくまで焼く。

③ ごはんに切った②をのせ、残りのたれをかけ、粉山椒をふる。あればたくあんを添える。

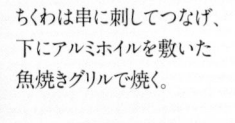

ちくわは串に刺してつなげ、下にアルミホイルを敷いた魚焼きグリルで焼く。

たれが乾いたら取り出し、再びたれをからめて焼き、しっかりと味をなじませる。

たぬきごはん

おそば屋さんのたぬきそばを
ごはんにアレンジ。
小さいおにぎりにすれば、
お酒を飲んだあとの
シメにも向きます。

◎材料（1人分）
揚げ玉…大さじ4
万能ねぎ（小口切り）…5本
市販のめんつゆ（3倍濃縮）…大さじ1
ごはん…茶碗に大盛り1杯分
七味唐辛子…少々

① ごはんに揚げ玉、万能ねぎ、めんつゆを混ぜ、
器に盛って七味唐辛子をふる。

味つき油揚げのおいなりさん風

味つき油揚げは、作っておくと
お弁当にも使えて便利です。
小分けして冷凍保存もOK。
ちらしずしの具にもどうぞ。

◎材料（1人分）
味つき油揚げ★…¼〜½枚分
野沢菜漬け（細かく刻む）…大さじ4
紅しょうが、白いりごま…各適量
ごはん…茶碗に大盛り1杯分

① ごはんに味つき油揚げ、野沢菜、
紅しょうがをのせ、白ごまをふる。

★味つき油揚げの作り方

◎材料（作りやすい分量）
油揚げ…2枚
A ┃ 砂糖…大さじ2
　 ┃ しょうゆ…大さじ1½
　 ┃ 水…1カップ

① 油揚げは1×2cmくらいに切り、熱湯で
10分ゆでて湯をきり、水洗いして水けを絞る。

② 鍋にA、①を入れて煮立たせ、汁が少し残るまで
中火で煮て火を止め、そのまま冷まして味をしみ込ませる。
煮汁ごと冷蔵室で保存し、日持ちは2〜3日。

白菜漬けと塩昆布

ザクザクッと刻んだ白菜の漬けものを
ごはんにのせていただきます。
削り節はたっぷりめに。
アツアツごはんに、冷たい漬けもので。

◎材料（1人分）
白菜漬け…100g
削り節…1パック（3g）
塩昆布、ゆずの皮（せん切り）…各適量
しょうゆ…少々
ごはん…茶碗に大盛り1杯分

① 白菜漬けは軽く水けを絞り、粗みじんに切る。

② ごはんに削り節、塩昆布、①、ゆずの皮をのせ、しょうゆをかける。

四

野菜のっけ

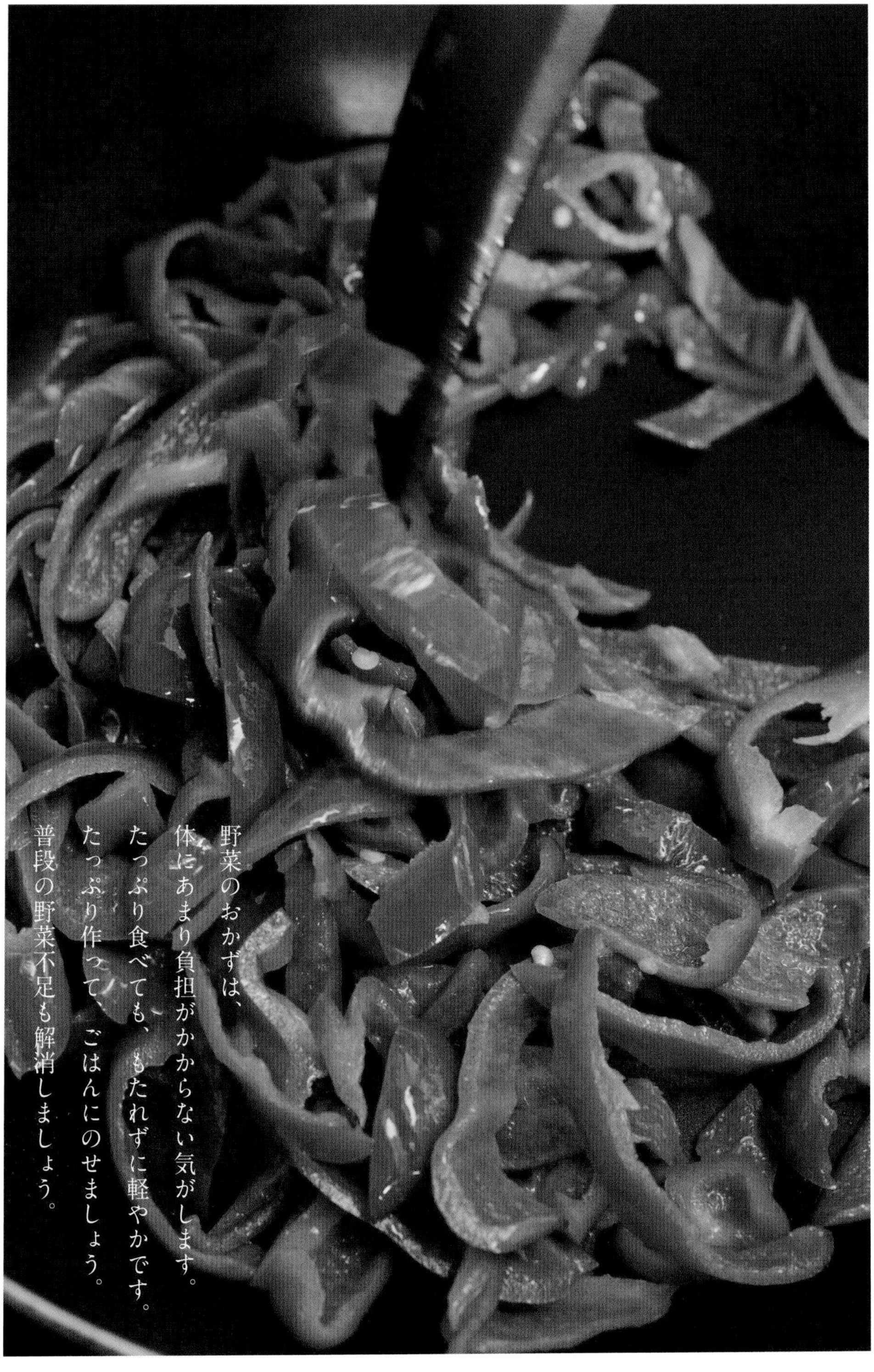

野菜のおかずは、
体にあまり負担がかからない気がします。
たっぷり食べても、もたれずに軽やかです。
たっぷり作って、ごはんにのせましょう。
普段の野菜不足も解消しましょう。

◎材料（1人分）

ピーマン…4個
豚薄切り肉…2枚
しょうゆ…小さじ2
ごま油…小さじ2
ごはん…茶碗に大盛り1杯分

① ピーマンはヘタと種をとり、斜め1cm幅に切る。
豚肉は1cm幅に切る。

② フライパンにごま油を熱し、ピーマンを弱めの中火で
こがさないようにじっくり4〜5分炒める。

③ 豚肉を加えて炒め合わせ、強火にして
しょうゆをからめ、ごはんにのせる。
好みで七味唐辛子をふる。

なすピーのみそ炒め

なすはゆでてから炒めるので、
思いのほかあっさり味。
少し濃いめの味つけにすると、
ごはんがすすみます。

ピーマンと豚肉のきんぴら

コツはあせらず、
じっくり炒めること。
甘みが出るから、
調味料はしょうゆだけ。
1人分ピーマン4個というのも、
納得してもらえるはず。

◎材料（1人分）

なす…2本
ピーマン…1個
A｜みそ…大さじ1½
　｜砂糖、白すりごま…各小さじ2
　｜しょうゆ…小さじ½
ごま油…小さじ2
ごはん…茶碗に大盛り1杯分

① なすはヘタをとり、縦4等分に切って
長さを半分に切り、熱湯で2分ほどゆでて
湯をきる。ピーマンは縦に2cm幅に切る。

② フライパンにごま油を熱し、
ピーマンを中火でしんなりするまで炒め、
なすを加えて炒め合わせる。

③ 混ぜたAを加え、汁けを飛ばしながら炒め、
ごはんにのせる。好みで七味唐辛子をふる。

◎材料（1人分）
　トマト（1cm角に切る）…1個
　きゅうり（粗みじん切り）…¼本
　玉ねぎ（みじん切り）…大さじ3
　青唐辛子のしょうゆ漬け（p22参照）、
　　にんにく（すりおろす）…各少々
　オリーブ油…大さじ1
　塩…小さじ¼
ごはん…茶碗に大盛り1杯分
粗びき黒こしょう…少々

① トマトから塩までの材料は、よく混ぜる。

② ごはんに汁ごとのせ、黒こしょうをふる。
　塩けが足りなければ、塩やしょうゆを足す。

トマトがくずれるまで炒めるのと
ケチャップを少し加えるのがコツ。
ごはんにぴったりの
チャンプルーになります。

トマトチャンプルー

暑い夏の時期にぴったり。
食欲がない時にもどうぞ。
青唐辛子のしょうゆ漬けが
爽快な辛さです。

ピリ辛冷やしトマト

◎材料（1人分）
トマト（くし形切り）…1個
長ねぎ（斜め薄切り）…10cm
卵…1個
A ｜ ケチャップ…小さじ1
　 ｜ 塩…小さじ⅓
　 ｜ 鶏ガラスープの素…小さじ¼
　 ｜ 粗びき黒こしょう…少々
サラダ油…小さじ2
ごはん…茶碗に大盛り1杯分

① フライパンにサラダ油を熱し、
　長ねぎを中火でしんなりするまで炒め、
　トマトを加えて形が少しくずれるまで炒める。

② 塩、こしょう各少々（分量外）を混ぜた卵を
　流し入れ、大きくゆっくり混ぜて火を通す。

③ Aで味つけし、ごはんにのせる。

◎材料（1人分）
キャベツ…2枚
厚揚げ…1枚（100g）
A｜にんにく（せん切り）…1かけ
　｜赤唐辛子（小口切り）…少々
B｜みそ、みりん…各大さじ1½
ごま油…小さじ2
ごはん…茶碗に大盛り1杯分

① キャベツは3cm角、厚揚げは1cm厚さの
　 ひと口大に切る。

② フライパンにごま油を熱し、Aを中火で
　 香りが出るまで炒め、キャベツを加えて
　 しんなりしたら、厚揚げを加えて炒め合わせる。

③ 混ぜたBを加えて強火でからめ、ごはんにのせる。

しいたけバター

誰もが大好きな
バターしょうゆ味。
エリンギ、しめじでも
おいしくできます。
ウインナを加えても美味。

キャベツと厚揚げのみそ炒め

ホイコーローではなく、
「おばあちゃんちの
にんにくみそ炒め」といった味。
少し濃いめの味つけにすると、
ごはんがすすみます。

◎材料（1人分）
生しいたけ（半分に切る）…3枚
ベーコン（1cm幅に切る）…2枚
｜酒…大さじ1
｜しょうゆ…小さじ2
バター…小さじ2〜大さじ1
ごはん…茶碗に大盛り1杯分
大根おろし（軽く水けを絞る）…大さじ3
万能ねぎ（小口切り）…適量

① フライパンにバターを溶かし、
　 ベーコンを中火で脂が出るまで炒め、
　 しいたけを加えてしんなりするまで炒める。

② 酒をふってふたをし、1分蒸し焼きにし、
　 しょうゆで味つけする。

③ ごはんに②、大根おろしをのせ、
　 ②の汁をかけ、万能ねぎを散らす。

白菜卵炒め

白菜はしっかり炒めて水分を飛ばすことで、甘みが出てきます。ソース＋マヨネーズ味にすると、お好み焼きっぽい仕上がりに。

◎材料（1人分）
えのきだけ…小½袋
たらこ（薄皮をとる）…大さじ2
A｜しょうゆ…ひとたらし
　｜こしょう…少々
バター…大さじ1
ごはん…茶碗に大盛り1杯分
かいわれ（ざく切り）、粗びき黒こしょう…各適量

① えのきは根元を落とし、長さを半分に切ってほぐす。

② フライパンにバターを溶かし、①を中火でしんなりするまで炒め、たらこを加えて炒め合わせ、Aで味つけする。

③ ごはんにかいわれ、②をのせ、黒こしょうをふる。

えのきのたらこバター

えのきのシコシコした歯ごたえと、たらこのうまみがよく合います。ちょっぴりのしょうゆで、たらこの魚くささを解消。

◎材料（1人分）
白菜…2枚
卵…1個
A｜塩、こしょう、しょうゆ…各少々
ごま油…小さじ2
ごはん…茶碗に大盛り1杯分
削り節…1パック（3g）
マヨネーズ…小さじ2
青のり…少々

① 白菜はせん切りにし、ごま油を熱したフライパンの中火でしんなりするまで5分ほど炒める。

② 溶いた卵を流し入れ、大きくゆっくり混ぜて火を通し、Aで味つけする。

③ ごはんに削り節、②をのせ、マヨネーズと青のりをかける。好みでしょうゆやソースを足す。

せん切りしょうが

しょうがのせん切りとすだちの香りで、夏向きのごはんです。

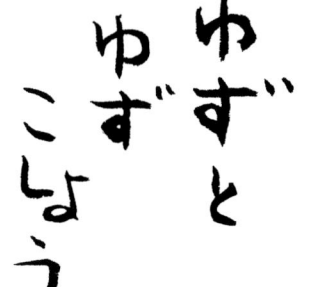

【材料と作り方（1人分）】
新しょうが1かけ（20g）は皮つきのまません切りにし、塩小さじ 1/4 をふって軽くもむ。ごはん茶碗大盛り1杯分に加えて混ぜ、器に盛ってすだち 1/4 個を添える。

ゆずとゆずこしょう

夏場の手に入る時期には青ゆずを使って、冬は黄色いゆずで作りましょう。

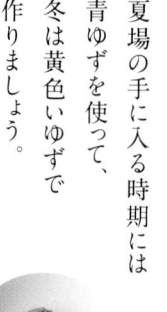

《ゆずこしょう》
青唐辛子と青ゆずで作る、九州名産の調味料。麺類や鍋の薬味に、焼いた肉や魚にもよく合う。

【材料と作り方（1人分）】
ごはん茶碗大盛り1杯分にゆずの皮のせん切り2cm角1枚分、ゆず果汁小さじ2、塩小さじ 1/4 を混ぜ、器に盛ってゆずこしょう少々を添える。

さーっとちびごはん

ねぎみそ

白がゆ、お湯漬けにも重宝するねぎみそ。たっぷりの削り節がポイントです。

【材料と作り方（1人分）】
ごはん茶碗大盛り1杯分にねぎみそ★適量をのせ、七味唐辛子少々をふる。お湯をかけてもおいしい。

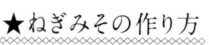

★ねぎみその作り方

◎材料（作りやすい分量）
みそ…1/2 カップ　　　　削り節…3パック（9g）
長ねぎ…1/2 本　　　　　しょうゆ…大さじ 1/2

① 長ねぎは縦半分に切ってから小口切りにし、その他の材料とよく混ぜる。冷蔵室で保存し、日持ちは約1週間。

みょうがみそ

ざく切りのかいわれを足して、簡単おつまみにもできます。

【材料と作り方（1人分）】
みょうが1個は縦半分に切ってから小口切りにし、みそ大さじ1と混ぜる。ごはん茶碗大盛り1杯分にのせて食べる。

五

魚のっけ

しらすで、火いらずのスピードごはん。

刺身で、ちょっとボリュームのある豪華ごはん。

大根おろしやすだち、青じそ、コチュジャンなどを加えて

味にひと工夫すると、

より一層おいしくなりますよ。

野沢菜しらす

野沢菜の酸味と
歯ごたえが、
しらすと
とてもよく合います。

◎材料（1人分）
しらす…大さじ4
野沢菜漬け…60g
白いりごま…小さじ1
ごはん…茶碗に大盛り1杯分

① しらすはざるに入れて熱湯を回しかけ、湯をきる。
野沢菜は軽く汁けを絞り、細かく刻んでしらすと混ぜる。

② ごはんに白ごまをふり、①をのせる。
好みでしょうゆをかける。

しらすおろし

しらすは熱湯を通すと、
釜揚げしらす風に
なります。
たっぷりのせて、
お行儀を気にせずに
かき込みましょう。

◎材料（1人分）
しらす…大さじ4
大根おろし（軽く水けを絞る）
　…1/2カップ
焼きのり…全形1/2枚
しょうゆ…少々
ごはん…茶碗に大盛り1杯分
すだち…1/2個

① しらすはざるに入れて熱湯を回しかけ、湯をきる。

② ごはんにちぎったのり、大根おろし、①をのせ、
しょうゆをかけ、すだちを添える。

明太子とたたき長いも

これは大和いもではなく、
水分が多い長いもでないと
できません。
歯ごたえが命なので、
たたきすぎないように。

◎材料（1人分）
明太子（薄皮をとる）…大さじ2
長いも…6cm
万能ねぎ（小口切り）…2本
しょうゆ…少々
ごはん…茶碗に大盛り1杯分

① 長いもは皮をむいてポリ袋に入れ、
すりこ木などで1cm角くらいのかたまりが残るくらいに
たたいてつぶし、明太子を混ぜる。

② ごはんにしょうゆをかけ、①、万能ねぎをのせる。
好みでしょうゆをかける。

焼きたらことかいわれ

焼いたたらこは、
生とは違った歯ごたえと
香ばしさがおいしい。
冷めてもいけるので、
お弁当にも向いています。

◎材料（1人分）
たらこ…½腹（1本・30g）
かいわれ（ざく切り）…½パック
A ┃ バター…大さじ1
　 ┃ 粗びき黒こしょう…少々
ごはん…茶碗に大盛り1杯分
マヨネーズ…適量

① たらこはオーブントースターか魚焼きグリルで
こんがりと焼き、食べやすくほぐす。

② ごはんに①、かいわれ、Aを混ぜ、
器に盛ってマヨネーズを添える。

◎材料（1人分）
まぐろの刺身…⅓さく（70g）
たくあん…5cm
焼きのり…全形½枚
万能ねぎ（小口切り）…2本
ごはん…茶碗に大盛り1杯分
おろしわさび、しょうゆ…各少々

① まぐろ（赤身または中落ちでもいい）は
包丁で粗く刻み、たくあんは5mm角に切る。

② ごはんにちぎったのり、たくあん、万能ねぎを散らし、
まぐろをのせ、わさびを添える。
しょうゆをかけ、全体を混ぜて食べる。

まぐろの
さっと漬け

まぐろは、長く漬けすぎると
色が悪くなるし、
風味も落ちます。
さっと漬けて、
おいしいうちにいただきましょう。

◎材料（1人分）
まぐろの刺身…⅓さく（70g）
しょうゆ…大さじ1
ごはん…茶碗に大盛り1杯分
青じそ…1枚
しょうがの甘酢漬け、
　おろしわさび…各適量

① まぐろは薄切りにし、しょうゆに
2分ほど漬ける。

② ごはんにのせて漬け汁をかけ、
青じそ、しょうが、わさびを添える。

たたき
まぐろと
たくあん

まぐろは中落ちでも、
赤身でもいいですよ。
たくあんの歯ごたえが
楽しいごはんです。

あじのたたき

本来ならいわしで作る、なめろう風のたたきです。もしも新鮮ないわしが手に入ったら、ぜひいわしでも作ってみて。

◎材料（1人分）
あじの刺身…1尾分（70g）
A | しょうゆ、ごま油…各小さじ1
　 | コチュジャン…小さじ½
　 | にんにく（すりおろす）…¼かけ
ごはん…茶碗に大盛り1杯分
万能ねぎ（小口切り）…3本
えごまの葉（または青じそ）…1枚
白いりごま…少々

① あじは2cm幅に切り、Aを加えて混ぜる。

② ごはんに万能ねぎを散らし、えごまの葉、①をのせ、白ごまをふる。

あじの韓国風

まぐろ、かつお、とびうお、いかでもおいしく作れます。えごまの葉が手に入らなければ、万能ねぎを多めにして香りを足して。

◎材料（1人分）
あじの刺身…1尾分（70g）
A | 長ねぎ（みじん切り）…10cm
　 | しょうが（みじん切り）…小さじ2
　 | みそ…大さじ1
きゅうり…½本
B | 酢…小さじ¼
　 | 市販のめんつゆ（3倍濃縮）…ひとたらし
ごはん…茶碗に大盛り1杯分

① きゅうりは薄い小口切りにし、塩ひとつまみ（分量外）をふってもみ、しんなりしたら水けを絞り、Bを混ぜる。

② あじは包丁で細かくたたき、Aを加えてたたきながら混ぜる。ごはんに①とともにのせる。

たことトマトのにんにく炒め

にんにくチップが食欲をそそります。
たこは火を通しすぎるとかたくなるので、さっと炒めて。

◎材料（1人分）
ゆでだこの足（ぶつ切り）
　…大½本（80g）
トマト（くし形切り）…1個
玉ねぎ（みじん切り）…¼個
にんにく（薄切り）…1かけ

A｜塩、こしょう…各少々
　｜しょうゆ…小さじ1
オリーブ油…小さじ2
ごはん…茶碗に大盛り1杯分
水菜（ざく切り）、
　　粗びき黒こしょう…各適量

① フライパンにオリーブ油、にんにくを入れて弱火にかけ、
　カリッとしたらにんにくだけ取り出す。

② 同じフライパンに玉ねぎを入れて透き通るまで炒め、
　トマトを加えて形が少しくずれるまで炒める。
　たこを加えてさっと炒め合わせ、Aで味つけする。

③ ごはんに水菜、②をのせ、①のにんにくを散らし、
　黒こしょうをふる。

いかユッケ

いかと一緒にのせた卵黄が、
コクを増してくれます。
コチュジャンでユッケ風、
わさびで和風、
どちらもおいしい。

◎材料（1人分）
いかの刺身…½ぱい（50g）
A｜しょうゆ…小さじ2
　｜ごま油…小さじ1
　｜みりん…小さじ½
卵黄…1個分
コチュジャン、白いりごま…各小さじ1
ごはん…茶碗に大盛り1杯分
かいわれ（ざく切り）…適量

① いかは細切りにし、Aを加えて混ぜる。

② ごはんに①、卵黄、コチュジャンをのせ、
　白ごまをふってかいわれを添える。

塩さばと青じそおろし

焼いた塩さばを
ごはんにのせるだけ。
青じそを加えた、
さわやか大根おろしが
ポイントです。

◎材料（1人分）
塩さば…小さめの半身1枚
A｜大根おろし（軽く水けを絞る）
　　…½カップ
　｜青じそ（粗みじん切り）…5枚
しょうゆ…少々
ごはん…茶碗に大盛り1杯分
レモン（くし形切り）…1切れ

① 塩さばは魚焼きグリルでこんがりと焼き、
　熱いうちに骨をとってほぐす
　（皮は気になるようならとる）。

② ごはんに①、混ぜたAをのせ、しょうゆをかけ、
　レモンを添える。

塩鮭ときゅうりもみ

鮭の皮は、
身からはがして
カリッと焼くと、
余分な脂が落ちて
ぐんと香ばしく。
ぜひお試しを。

◎材料（1人分）
塩鮭の切り身…1枚
きゅうり…½本
A｜酢…小さじ¼
　｜市販のめんつゆ（3倍濃縮）…ひとたらし
黒いりごま…少々
ごはん…茶碗に大盛り1杯分

① 塩鮭は魚焼きグリルでこんがりと焼き、
　骨と皮をとって粗くほぐす。皮は再びグリルに入れ、
　弱めの中火でカリカリに焼き、食べやすく切る。

② きゅうりは薄い小口切りにし、塩ひとつまみ（分量外）を
　ふってもみ、しんなりしたら水けを絞り、Aを混ぜる。

③ ごはんに②をのせ、黒ごまをふり、①の鮭と皮をのせる。

えびと
アボカドの
チーズ炒め

火を通したアボカドは、
とろりとして、とてもおいしい。
トーストにのせてもよく合います。
タバスコも合います。

◎材料（1人分）
殻つきえび（ブラックタイガーなど）…小6尾　　オリーブ油…小さじ2
アボカド…½個　　　　　　　　　　　　　　　ごはん…茶碗に大盛り1杯分
ピザ用チーズ…大さじ4　　　　　　　　　　　粗びき黒こしょう…少々
A │ 塩…小さじ⅓
　 │ こしょう…少々

① アボカドは縦に1周切り込みを入れ、手でねじって半分に割り、包丁の角を種に刺し、
　 少しひねってはずす。皮を手でむき、2cm角に切る。えびは背ワタをとって殻をむく。

② フライパンにオリーブ油を熱し、①を中火で炒め、えびの色が変わったら、
　 チーズを加えて炒め合わせる。水大さじ2を加えてふたをし、
　 水けがなくなるまで1分ほど蒸し煮にする。

③ Aで味つけし、ごはんにのせ、黒こしょうをふる。好みでタバスコをかける。

まぐろのしょうが煮、

まぐろはさっと煮て、中が半生の状態がおいしいです。同じこの煮汁でまぐろの血合いをしっかり煮ても、日持ちのする常備菜に。

◎材料（1人分）
まぐろの刺身（赤身）…小½さく（80g）
しょうが（せん切り）…薄切り4枚
A ┃ しょうゆ…大さじ1
　┃ みりん…小さじ2
ごはん…茶碗に大盛り1杯分
七味唐辛子…少々

① 小鍋にA、しょうがを入れて煮立たせ、まぐろを加えてさっと火を通す（中は生でいい）。まぐろを取り出し、2cm角に切る。

② ごはんにのせて煮汁をかけ、七味唐辛子をふる。

ほたてのバター焼き、

ほうれんそうの代わりにきのこのバター炒めを一緒に盛っても、ボリュームが出ます。好みに合わせてどうぞ。

◎材料（1人分）
ほたて貝柱（刺身用）…大3個
サラダほうれんそう…1株
A ┃ オリーブ油、レモン汁
　┃ 　　…各小さじ1
　┃ しょうゆ…小さじ½
　┃ 塩、こしょう…各少々
しょうゆ…小さじ1½
バター…大さじ1
ごはん…茶碗に大盛り1杯分

① ほうれんそうはざく切りにし、Aであえる。

② ほたては厚みを半分に切り、バターを溶かしたフライパンの強火で両面をさっと焼き、しょうゆをからめる。

③ ごはんに①、②を汁ごとのせる。

豆乳しょうが汁

◎材料（1人分）
豆乳（成分無調整）、
　　だし汁…各½カップ
しょうが（すりおろす）…小さじ2
薄口しょうゆ…小さじ1½

① 鍋に材料をすべて入れ、
　　ひと煮立ちさせる。

梅干しとのりの汁

◎材料（1人分）
梅干し（種をとる）…1個
焼きのり（ちぎる）…全形½枚
昆布茶…小さじ⅔
熱湯…1カップ

① 器に梅干し、のり、
　　昆布茶を入れ、
　　熱湯を注ぐ。

はんぺんのみそ汁

◎材料（1人分）
はんぺん（1cm角に切る）…¼枚
かいわれ（ざく切り）…少々
だし汁…1カップ*
みそ…大さじ1
*水1カップ＋和風顆粒だし小さじ⅙でもいい

① 鍋にだし汁を入れて煮立たせ、
　　みそを溶き、はんぺんとかいわれを
　　加えてひと煮する。

みつばとしょうがの汁

◎材料（1人分）
みつば…2本
しょうが（せん切り）…薄切り2枚
だし汁…1カップ＊
薄口しょうゆ…小さじ2
＊水1カップ＋和風顆粒だし小さじ$\frac{1}{6}$でもいい

① みつばは茎を軽く結ぶ。
鍋に材料をすべて入れ、
ひと煮立ちさせる。

豆腐のかき玉スープ

◎材料（1人分）
絹ごし豆腐（1cm角に切る）
　　…$\frac{1}{8}$丁（約40g）
卵…1個
A｜鶏ガラスープの素…小さじ$\frac{1}{3}$
　｜水…1カップ
塩…小さじ$\frac{1}{4}$
粗びき黒こしょう…少々
B｜片栗粉…小さじ1
　｜水…小さじ1

① 鍋にA、豆腐を入れて煮立たせ、
混ぜたBを加えてとろみをつける。
塩、黒こしょうで味つけし、
溶いた卵を少しずつ流し入れて
火を通す。

揚げ玉とねぎの汁

◎材料（1人分）
揚げ玉…大さじ2
長ねぎ（小口切り）…適量
市販のめんつゆ（3倍濃縮）…大さじ1
熱湯…$\frac{3}{4}$カップ

① 器に具とめんつゆを入れ、
熱湯を注ぐ。味を見て
足りなければしょうゆを足し、
好みで七味唐辛子をふる。

わかめと温玉の中華スープ

◎材料（1人分）
乾燥わかめ…ひとつまみ（2g）
温泉卵…1個
A｜鶏ガラスープの素
　　…小さじ1/3
　｜水…1カップ
　｜塩、こしょう…各少々
ラー油、白いりごま…各適量

① 鍋にA、わかめを入れて
　煮立たせ、わかめが
　やわらかく戻ったら
　器に盛り、温泉卵、ラー油、
　白ごまを加える。

ラーメンスープ風

◎材料（1人分）
市販のチャーシュー
　（半分に切る）…1枚
長ねぎ（小口切り）、ラー油…各適量
　｜しょうゆ…小さじ2
　｜酢…小さじ1
　｜鶏ガラスープの素…小さじ1/2
　｜こしょう…少々
熱湯…1カップ

① 器に具と調味料を
　入れ、熱湯を注ぐ。

焼きおにぎりの汁

◎材料（1人分）
焼きおにぎり（冷凍）…小1個
A｜だし汁…1カップ*
　｜しょうゆ…小さじ2
　｜しょうが（せん切り）…薄切り2枚
松の実（あれば）…小さじ1
*水1カップ＋和風顆粒だし小さじ1/6でもいい

① 焼きおにぎりはオーブントースターで
　焼いて解凍する。

② 鍋にAを入れて煮立たせ、
　①、松の実を入れた器に注ぐ。

中華風コーンスープ

◎材料（1人分）
クリームコーン缶…大さじ3
卵…1個
A｜鶏ガラスープの素…小さじ1/3
　｜水…2/3カップ
　｜塩、こしょう…各少々
B｜片栗粉…小さじ1
　｜水…小さじ1

① 鍋にクリームコーン、Aを煮立たせ、
　混ぜたBを加えてとろみをつけ、
　溶いた卵を少しずつ流し入れて
　火を通す。

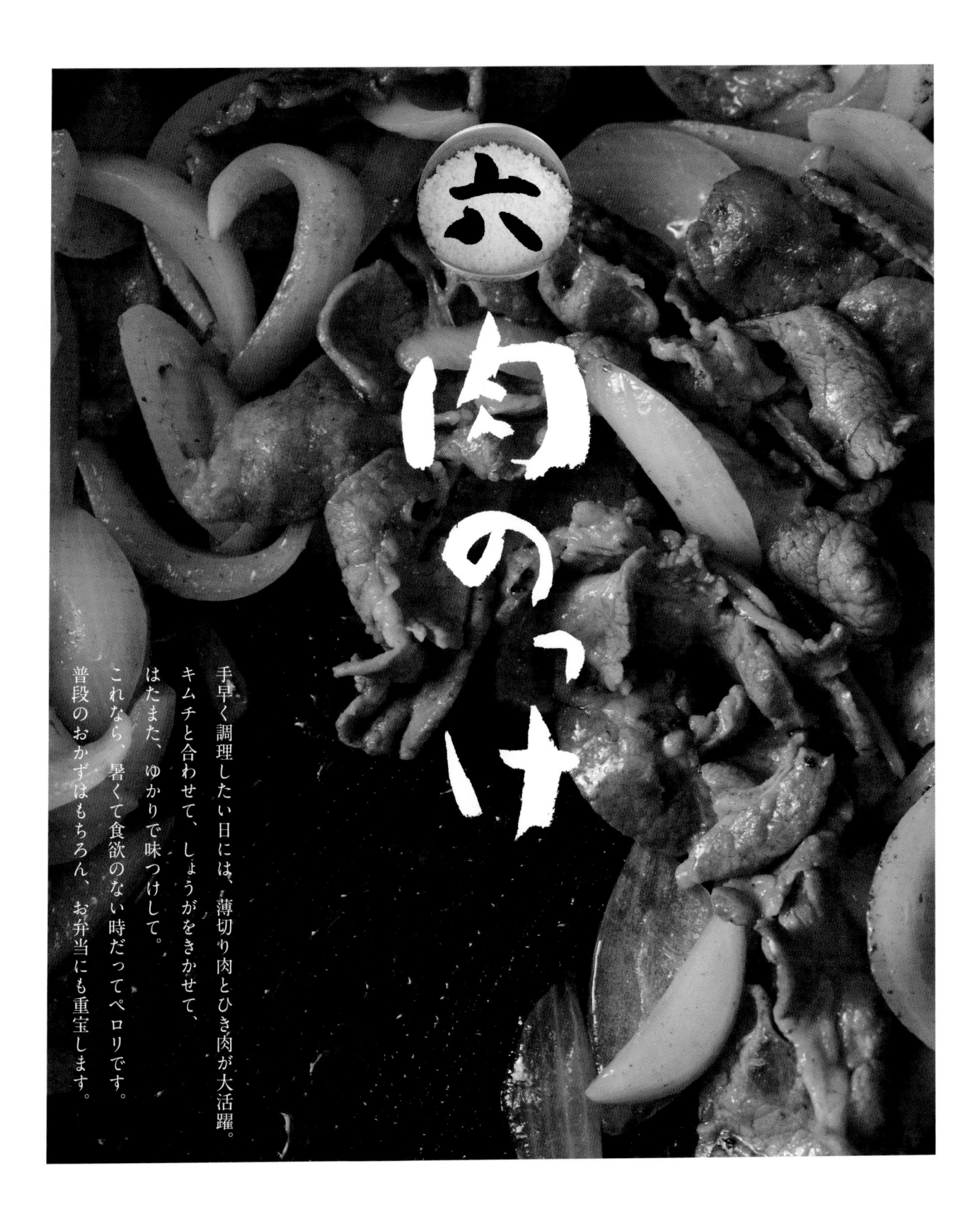

六

肉のっけ

手早く調理したい日には、薄切り肉とひき肉が大活躍。キムチと合わせて、しょうがをきかせて、はたまた、ゆかりで味つけして。これなら、暑くて食欲のない時だってペロリです。普段のおかずはもちろん、お弁当にも重宝します。

豚キムチ炒め

おなじみの豚肉とキムチの炒めものを、ごはんにたっぷりのせていただきます。キムチの塩けがあるので、加えるしょうゆの量はやや控えめに。

◎材料（1人分）
豚薄切り肉…3枚
白菜キムチ…70g
しょうゆ…小さじ½
ごま油…小さじ1
ごはん…茶碗に大盛り1杯分

① 豚肉と白菜キムチはざく切りにする。

② フライパンにごま油を熱し、豚肉を中火でこげ目がつくまで炒め、白菜キムチを加えてさっと炒める。しょうゆで味つけし、ごはんにのせる。

牛丼風

作ってみると、牛丼はとても簡単です。
私は玉ねぎ多めが好きですが、
しらたきを入れたり、生しいたけを加えたり、
お店にはない味を作ってみてください。

◎材料（1人分）
牛薄切り肉…100g
玉ねぎ…¼個
A ┃ しょうゆ…大さじ1弱
　 ┃ 砂糖…小さじ1½
　 ┃ 水…½カップ
ごはん…茶碗に大盛り1杯分
紅しょうが…適量

① 玉ねぎはくし形に切ってほぐす。

② 鍋にA、①を入れて煮立たせ、玉ねぎがやわらかくなるまで中火で煮、
　 牛肉を加えて色が変わるまでさっと火を通す。

③ ごはんに煮汁ごとのせ、紅しょうがを添える。

肉みそ

多めに作って
冷蔵庫にストックしておくと、
重宝する肉みそ。
焼いただけのなすやピーマンに
これをのせても、
おいしいおかずになります。

◎材料（1人分）＊肉みそは2人分
豚ひき肉…100g
A にんにく（すりおろす）…½かけ
  しょうが（すりおろす）…小さじ1
  みそ…大さじ3強
  砂糖、水…各大さじ2
  しょうゆ…小さじ1
ごはん…茶碗に大盛り1杯分
いんげん…適量

① 小鍋にひき肉、Aを入れて混ぜ、中火にかけて菜箸で混ぜながら
　火を通し、汁けがなくなるまで煮詰める。

② ごはんに半量をのせ、塩ゆでしたいんげんを食べやすく切って添える。

鶏皮のしょうが煮

鶏皮は煮上がると、皮から出た脂が浮いてきます。皮から出た脂が浮いてきたらていねいにすくい取るとさっぱり仕上がるし、カロリーもダウン。コラーゲンたっぷりで、おいしい部分です。

◎材料（1人分）＊鶏皮のしょうが煮は2人分
鶏皮…150g
A｜しょうが（せん切り）…薄切り5枚
　｜水…2カップ
B｜しょうゆ…大さじ2
　｜砂糖…大さじ1
ごはん…茶碗に大盛り1杯分
市販の高菜漬けの油炒め…適量

① 鶏皮は細切りにしてAとともに鍋に入れ、煮立ったらアクを除き、Bを加えて煮汁が少し残るまで中火で4〜5分煮る。表面に浮いた脂はすくい取る。

② ごはんに半量をのせ、高菜漬けの油炒め（または高菜漬け）を添える。

鶏そぼろ

ひき肉は火にかける前に調味料とよく混ぜます。炒めるうちに水分が出てくるので、しっかり煮詰めるのがコツ。

◎材料（1人分）＊鶏そぼろは2人分
鶏ひき肉…100g
A｜しょうゆ…大さじ1
　｜みりん…大さじ2
ごはん…茶碗に大盛り1杯分
しば漬け、絹さや…各適量

① 小鍋にひき肉、Aを入れて混ぜ、中火にかけて菜箸で混ぜながら火を通し、汁けがなくなるまで煮詰める。

② ごはんに半量をのせ、しば漬け、塩ゆでした絹さやを斜め半分に切って添える。

豚肉ともやしのゆかり炒め

◎材料（1人分）
豚薄切り肉…2枚
もやし…1袋（200g）
ゆかり…大さじ2
サラダ油…小さじ2
ごはん…茶碗に大盛り1杯分

① 豚肉は2cm幅に切り、サラダ油を熱した
フライパンの中火で少しこげ目がつくまで炒める。

② もやしを加えて水けを飛ばしながら炒め合わせ、
ゆかりで味つけし、ごはんにのせる。
好みでしょうゆをごはんにかける。

このゆかり炒めは、
おつまみにもぴったり。
地味なおいしさですが、
あとを引いて、
ひとりでもやし1袋を
ペロリです。

鶏から南蛮

タルタルだれの玉ねぎは、
混ぜて3〜5分おくと
辛みが抜けます。
これ、魚やかきのフライに
添えてもおいしいです。

◎材料（1人分）
市販の鶏から揚げ…6個

南蛮だれ	しょうゆ、みりん…各小さじ1½
	一味唐辛子…少々
	水…大さじ2
	片栗粉…小さじ½
タルタルだれ	マヨネーズ、玉ねぎ（みじん切り）…各大さじ2

ごはん…茶碗に大盛り1杯分
レタス（細切り）…1枚
七味唐辛子…少々

① 小鍋に南蛮だれの材料を入れ、
中火で混ぜながら煮立ててとろみをつける。
タルタルだれの材料は混ぜ、3分ほどおく。

② から揚げはオーブントースターで
カリッと焼いて温める。

③ ごはんにレタス、②をのせ、
①の2種のたれをかけ、七味唐辛子をふる。

◎材料（1人分）
鶏ひき肉…100g
木綿豆腐…¼丁（約80g）
卵…1個
A｜しょうゆ、みりん
　｜…各小さじ2～大さじ1
サラダ油…小さじ1
ごはん…茶碗に大盛り1杯分
ししとう…3本

ふわふわ鶏つくね

① ボウルにひき肉、豆腐、
卵を入れ、手でムラなく混ぜる。

② フライパンにサラダ油を熱し、
①を大きめのスプーンで丸く落とし、
中火で両面をこんがりと焼き、Aをからめる。
あいたところでししとうを焼く。

③ ごはんにのせ、残ったたれをかける。

生地がやわらかいので、スプーンでフライパン
に落として焼く。大さじ1くらいずつが目安。

鶏ひき肉で作る、
ふわふわっとした食感の
やわらかいお団子です。
お弁当のおかずにもぴったり。

多めに作って
ごはんと合わせると、
混ぜごはんにも。
鶏ひき肉でも
おいしく作れますよ。

鶏ごぼう

◎材料（1人分）
鶏もも肉…¼枚
ごぼう（細めのもの）…15cm
A｜しょうゆ…大さじ1
　｜砂糖…小さじ1½
　｜水…大さじ3
サラダ油…小さじ2
ごはん…茶碗に大盛り1杯分
いんげん…2本
七味唐辛子…少々

① 鶏肉は1cm角に切る。ごぼうはたわしで洗って
ピーラーでささがきにし、水でさっと洗う。

② フライパンにサラダ油を熱し、鶏肉を中火で
色が変わるまで炒め、ごぼうを加えて
しんなりするまで炒め合わせる。

③ Aを加えて汁けがなくなるまで煮詰め、
ごはんにのせる。塩ゆでして斜め切りにした
いんげんを散らし、七味唐辛子をふる。

ケチャップ味のいり豚

昔の大衆食堂には、
それぞれのお店の味のいり豚が、
定番メニューで置いてありました。
ケチャップしょうゆ味で、
ごはんがモリモリ食べられます。

◎材料（1人分）
豚薄切り肉…3枚
玉ねぎ…1/4個
A ｜ ケチャップ…大さじ1
　｜ しょうゆ…小さじ1〜1 1/2
　｜ 水…大さじ2
サラダ油…小さじ2
ごはん…茶碗に大盛り1杯分

① 豚肉は2cm幅、玉ねぎはくし形に切ってほぐす。

② フライパンにサラダ油を熱し、玉ねぎを中火で透き通るまで炒め、
豚肉を加えて少しこげ目がつくまで炒める。

③ Aを加え、汁けを飛ばしながら炒め合わせ、ごはんにのせる。

台湾風煮豚

豚バラ肉をとろけるくらいまで煮て作る、八角の香りが台湾風の豚肉ごはんです。肉を煮るのに時間がかかりますが、とてもおいしいので、たくさん作って、晩ごはんのおかずにもどうぞ。

◎材料（1人分）＊台湾風煮豚は作りやすい分量

豚バラかたまり肉…500g
水…1ℓ
A｜にんにく（半分に切る）…1かけ
　｜しょうが（薄切り）…4枚
　｜八角…1かけ
　｜しょうゆ…大さじ3
　｜砂糖…大さじ1

ごはん…茶碗に大盛り1杯分
小松菜…1株
ごま油、粗びき黒こしょう…各少々

① 豚肉は2.5cm角に切り、鍋に水とともに入れて火にかけ、
　煮立ったらアクを除き、やわらかくなるまで弱火で1時間以上ゆでる。

② Aを加え、中火で煮汁が少し残るまで30分ほど煮詰める。
　そのまま冷まして味をなじませ、食べる時に温める。
　気になるようなら、余分な脂はすくい取る。

③ ごはんに適量をのせて煮汁をかけ、
　塩ゆでした小松菜を切って添える。
　香りづけのごま油、黒こしょうをかける。

《八角》（はっかく）
中華料理によく使われる、スターアニスとも呼ばれる甘い香りがするスパイス。肉類のにおい消しによく使われる。

和風ドライカレー

野菜がたっぷり入った、甘辛味の和風肉そぼろです。カレー風味ですが、子どもたちやお年寄りにも喜ばれる味です。

◎材料（1〜2人分）
合びき肉…100g
A｜玉ねぎ（みじん切り）…¼個
　｜にんじん（みじん切り）…2cm
　｜ピーマン（みじん切り）…½個
　｜生しいたけ（みじん切り）…1枚

B｜しょうゆ…大さじ1
　｜砂糖…大さじ½
　｜カレー粉…小さじ1
　｜水…¼カップ
サラダ油…小さじ1
ごはん…茶碗に大盛り2杯分

① フライパンにサラダ油を熱し、ひき肉を中火でパラパラになるまで炒める。
　Aを加え、しんなりするまで3分ほど炒める。

② Bを加え、汁けがなくなるまで煮詰め、ごはんにのせる。

なすとトマトのドライカレー

一味唐辛子をもっと加えて、辛口にしてもおいしいカレーです。炒めること、わずか10分ほどで完成。合びき肉でもおいしく作れますよ。

◎材料（1〜2人分）
牛ひき肉…100g
玉ねぎ（みじん切り）…¼個
A なす（1cm角に切る）…1本
　 トマト（みじん切り）…1個
　 にんじん（みじん切り）…3cm
　 にんにく（みじん切り）…1かけ
　 しょうが（みじん切り）…大さじ1
　 一味唐辛子…少々

B ケチャップ…大さじ1
　 カレー粉、しょうゆ、小麦粉
　 　…各小さじ2
　 固形スープの素…1個
　 水…1カップ
サラダ油…小さじ2
ごはん…茶碗に大盛り2杯分
パセリ（みじん切り）…適量

① フライパンにサラダ油を熱し、玉ねぎを中火で薄く色づくまで炒める。
　 ひき肉を加えて炒め、パラパラになったらAを加えて炒め合わせる。

② しんなりしたらBを加えて混ぜながら煮詰め、軽くとろみがついたら、
　 味をみて塩、こしょう各少々（分量外）でととのえる。

③ ごはんにパセリを散らし、②をのせる。

揚げシュウマイの
ピリ辛だれ

揚げシュウマイには、やわらかめの冷凍シュウマイが向いています。
このたれは、ギョウザ、蒸したシュウマイ、肉まんにつけても美味。

◎材料（1人分）
市販の冷凍えびシュウマイ…7個
もやし…½袋（100g）
A｜長ねぎ（みじん切り）…大さじ2
　｜しょうゆ、酢…各小さじ1½
　｜ごま油…小さじ1
　｜豆板醤（トウバンジャン）…小さじ½
　｜粗びき黒こしょう…少々
ごはん…茶碗に大盛り1杯分
揚げ油、小松菜…各適量

① もやしは塩ゆでし、湯をきる。

② 中温（170℃）の揚げ油に
凍ったままのシュウマイを入れ、
弱火できつね色になるまで揚げる。

③ ごはんに①、②をのせ、
Aを混ぜたたれをかけ、
塩ゆでして切った小松菜を添える。

◎材料（1人分）＊メンチカツは2人分
A｜合びき肉…200g
　｜玉ねぎ（みじん切り）…½個
　｜卵…1個
　｜パン粉…⅓カップ
　｜牛乳…¼カップ
　｜塩、こしょう…各少々
B｜市販の天ぷら粉、水…各大さじ3
玉ねぎ（くし形切り）…¼個
サラダ油、塩、こしょう…各少々
ごはん…茶碗に大盛り1杯分
パン粉、揚げ油、ウスターソース、小松菜…各適量

① ボウルにAを入れ、粘りが出るまで手で練り混ぜ、
4等分して小判形にまとめる。＊このうち2個を使用。
残りは冷凍するか、焼いてハンバーグにして。
混ぜたB、パン粉の順にまぶし、中温（170℃）の
揚げ油で浮き上がってくるまで揚げる。

② 玉ねぎはサラダ油で炒め、塩、こしょうをふる。

③ ごはんに②、ソースをからめて切った①をのせ、
塩ゆでして切った小松菜を添える。

ソースしみしみ
メンチカツ

たまには、家でメンチカツを
作ってみませんか。
揚げたてのおいしさは、
手作りならではのもの。
天ぷら粉を使うと
カリッと仕上がって、
ソースをからめても
サクサクです。

七 汁のっ子

汁かけごはんほど、気楽なごはんはありません。

かける汁を作ってもいいし、みそ汁をかけても、

お湯でも、だし汁でも、等しくおいしい。

ごはんは、どんな味とも合う優等生です。

新しい味の汁かけごはんを見つけてください。

のりのつくだ煮としょうが

塩鮭とみつば

のりのつくだ煮は、できれば辛口のものがおすすめ。しょうがをたっぷりのせて、いい汗をかきましょう。

◎材料（1人分）
のりのつくだ煮…大さじ2
しょうが（すりおろす）…小さじ2
熱湯…1¼カップ
ごはん…茶碗1杯分

① ごはんに熱湯をかけ、
　のりのつくだ煮、しょうがをのせる。

カリカリに焼いた皮も一緒にのせると、いいだしが出ます。緑茶やただのお湯をかけるだけでもおいしい。

◎材料（1人分）
塩鮭の切り身…1枚
みつば（ざく切り）…2本
熱いほうじ茶…適量
ごはん…茶碗1杯分

① 鮭は魚焼きグリルでこんがりと焼き、
　骨と皮をとって粗くほぐす。皮は再びグリルに入れ、
　弱めの中火でカリカリに焼き、食べやすく切る。

② ごはんに①の鮭と皮をのせ、ほうじ茶をかけ、
　みつばを散らす。

アジア風鶏スープ

ザーサイとおかき

やや薄めの味つけなので、
塩加減は好みで調節して。
香菜の代わりに
刻んだセロリの葉でもOK。

◎材料（1人分）
鶏ささみ…1本
おでん用揚げボール（薄切り）…2個
もやし…¼袋
A　鶏ガラスープの素…小さじ1
　　水…1½カップ
　　塩…小さじ⅓
　　しょうゆ…ひとたらし
　　こしょう…少々
ごはん…茶碗1杯分
香菜（葉をつむ）、粗びき黒こしょう…各適量

① 鍋にA、ささみ、揚げボール、もやしを入れて煮立たせ、
弱火で2分ほど煮て、ささみに火を通す。
ささみが触れるくらいに冷めたら、手でさく。

② ごはんにかけて香菜をのせ、黒こしょうをふる。

冷たいウーロン茶なら夏向き、
温かいウーロン茶なら冬向きに。
サクサクおかきが味のポイント。

◎材料（1人分）
味つきザーサイ（びん詰）
　…¼びん（25g）
揚げおかき
　（ピーナッツ揚げなど）…適量
一味唐辛子、白いりごま…各少々
冷たいウーロン茶…適量
冷やごはん…茶碗1杯分

① ごはんにザーサイ、砕いたおかきをのせ、
ウーロン茶をかけ、一味唐辛子、白ごまをふる。

◎材料（1人分）
　豆乳（成分無調整）…1カップ
　白すりごま…大さじ2
　しょうが（すりおろす）…大さじ1
　みそ…小さじ2〜大さじ1
　鶏ガラスープの素…小さじ1
　豆板醤（トウバンジャン）…小さじ½
ごはん…茶碗1杯分
万能ねぎ（小口切り）…3本

①　鍋に豆乳から豆板醤までの材料を入れて
　　煮立たせ、よく混ぜてみそを溶かす。

②　ごはんにかけ、万能ねぎを散らす。

梅とろろのり

ごはんにのせなければ、
即席のお吸いものになります。
ゆでたそうめんを加えて、
温麺にもできます。

ピリ辛ごま豆乳スープ

豆乳はうまみの宝庫です。
このスープを使って、
冬の鍋も作れます。
具は豚肉、もやし、長ねぎ、
春菊などでどうぞ。

◎材料（1人分）
梅干し…1〜2個
とろろ昆布…ひとつまみ
焼きのり…全形½枚
削り節…1パック（3g）
しょうゆ…大さじ1
熱湯…1¼カップ
ごはん…茶碗1杯分

①　ごはんに削り節、ちぎったのり、とろろ昆布、
　　梅干しをのせ、しょうゆをかけて
　　熱湯を注ぐ。

◎材料（1人分）
木綿豆腐…¼丁（約80g）
きゅうり…½本
みそ…大さじ1½
濃いめのだし汁（冷たいもの・
　できればいりこだし）…1カップ
白すりごま…大さじ2
ごはん…茶碗1杯分

① きゅうりは薄い小口切りにし、
　塩ひとつまみ（分量外）をふってもみ、
　しんなりしたら水けを絞る。

② みそはステンレス製のスプーンにとり、
　ガスの直火であぶってこげ目をつける
　（やけどに注意）。

③ だし汁にみそを溶き、手でくずした豆腐、①、
　すりごまを混ぜる。ごはんにかけて食べる。

鯛の柳がけ

漁師さんが船の上で、
とれたての鯛で作る料理です。
熱湯だけ？
とお思いでしょうが、
いいだしが出て、これで十分。

冷や汁

魚の入らない冷や汁なので、
いつでも手軽に作れます。
みそは直火であぶると、
数段香ばしくなります。

スプーンにみそをつけたら、直火にあ
ててこんがりとこげ目をつける。この香
ばしさが、おいしさの決め手に。

◎材料（1人分）
鯛の刺身…約½さく（70g）
みつば（ざく切り）…2本
しょうゆ…小さじ2
熱湯…1カップ
ごはん…茶碗1杯分

① 鯛は細切りにし、しょうゆをからめる。

② ごはんにのせて熱湯を注ぎ、みつばを散らす。
　味が足りなければ、しょうゆをかける。

ドッグパン

ロールパン

食パン

① パンの種類は自由に

のっけパンに使うパンは、手に入りやすい食パン（6〜8枚切り）でOK。このほかドッグパンやロールパン、胚芽入りの食パンも時々登場していますが、パンの種類と具の組み合わせに特別な決まりはありません。ただ、フランクフルト（p77）やちくわ（p88）のようにコロコロしたものは、ドッグパンやロールパンが食べやすいと思います。

③ 食べにくい時は、半分に折って

具がポロポロして食べにくい！　そんな時には、食パンをパタンと半分に折ってサンドイッチ状にしてみてください。それを端からパクパクかぶりつく。ぐっと食べやすくなります。

② 作ったら、すぐに食べよう

サンドイッチは時間がたっても味が落ちないように、パンにバターやマーガリンを塗って、具の水分がしみないようにします。でも、基本的にのっけパンは、できたらすぐに食べるもの。バターやマーガリンは塗りません。お腹がすいたなと思ったら、冷蔵庫にあるものでパパッと作って、すぐに食べられる。これがのっけパンのうれしいところ！

定番

のっけ

卵、ツナ、ポテトサラダ、焼きそば、とんかつなど、サンドイッチの具の定番をパンにのっけました。パンとの相性のよさは、もちろん実証済み。できたてを即、食べましょう。

ゆで卵マヨネーズ

これは、買ったばかりのやわらかいパンで作ります。
卵がしっかり主役のパンにしたいので、
マヨネーズの量はやや控えめに。
そのほうが、卵の味が引き立ちます。

● 材料（1人分）

卵 … 1個
A │ マヨネーズ … 小さじ2
　│ 塩、こしょう … 各少々
食パン … 1枚
粗びき黒こしょう … 少々

① 卵は塩少々（分量外）を加えた
　熱湯で11分ゆで、殻をむいて
　フォークで粗くつぶし、
　Aを混ぜて食パンにのせ、
　黒こしょうをふる。

ゆで卵の作り方

卵（冷蔵庫から出してすぐのもの）は、先が丸いほうに画びょうで穴をあけ、塩少々を加えた熱湯にお玉で静かに入れる。

最初の1分は転がしながら、あとは好みの時間ゆで、水にとって冷まし、水の中で殻をむく。
*ゆで時間：とろとろ→6〜7分、真ん中がやわらかいくらい→9〜10分半、かたゆで→11分

ツナマヨネーズ

レモン汁を加えると、ツナのにおいが抑えられてさわやかに。玉ねぎマヨネーズは、作っておくと本当に便利。サラダに、から揚げに、魚のソテーに、納豆に混ぜてもおいしいのです。

● **材料（1人分）**

A｜ツナ缶（汁けをきる）… 小½缶（40g）
　｜玉ねぎマヨネーズ（右参照）… 大さじ1½
　｜塩、こしょう … 各少々
食パン … 1枚
かいわれ（ざく切り）、粗びき黒こしょう
　　… 各適量

玉ねぎマヨネーズ

玉ねぎの粗みじん切り½個分に、同量のマヨネーズ（約1カップ）を加えて混ぜ、10分おく。冷蔵室で1か月ほど保存可。

① 食パンに混ぜたA、かいわれをのせ、黒こしょうをふる。

ポテトサラダ

ポテトサラダは、材料を全部そろえてから一気に混ぜて作ります。作りやすいように、じゃがいも1個分のレシピです。残ったら、おかずにして食べてください。

● 材料（1人分）　＊ポテトサラダは作りやすい分量

じゃがいも … 中1個
ハム（1cm角に切る）… 1枚
A ┃ 玉ねぎ（みじん切り）… 大さじ2
　 ┃ マヨネーズ … 大さじ1
B ┃ 牛乳（または水）… 大さじ1
　 ┃ 酢 … 小さじ1
　 ┃ 塩 … ひとつまみ
　 ┃ こしょう … 少々
食パン … 1枚
レタス、パセリ（みじん切り）、
　粗びき黒こしょう … 各適量

① じゃがいもは洗い、ぬれたまま丸ごとラップで包み、電子レンジで4分加熱し、熱いうちに皮をむいてつぶす。ボウルにAを入れて5分おき、じゃがいも、ハム、Bを混ぜる。

② 食パンにレタス、好みの量の①をのせ、パセリと黒こしょうをふる。

フランクフルト

フランクフルトは、しっかりめに焼くと香ばしくなります。塩を加えてゆでても、おいしくできます。ケチャップ＋マスタードや粒マスタード、好みのものをかけてどうぞ。

● 材料（1人分）

フランクフルト … 1本
玉ねぎ（みじん切り）… 大さじ1
ドッグパン … 1本
ケチャップ、フレンチマスタード、
　粒マスタード … 各適量

① 玉ねぎは水に5分さらし、水けをきる。
　ドッグパンはまん中に切り込みを入れ、
　何もひかずに熱したフライパンで
　切り口をこんがりと焼いて取り出す。

② 続けてフライパンにサラダ油少々（分量外）
　を熱し、切り目を入れたフランクフルトを
　こげ目がつくまで焼く。
　ドッグパンに玉ねぎとともにのせ、
　ケチャップとマスタード、粒マスタードをかける。

ドッグパンは切り口をフライパンに押しつけるようにし、中火で焼く。これでカリッとおいしくなる。

焼きそば

焼きそばは、そのまま食べる時よりも少しやわらかめに仕上げるのがコツ。かじった時、パンと同じくらいのかたさなのがおいしい。なので、少し多めの水を加えて蒸し焼きにします。

● 材料（1人分） *焼きそばは作りやすい分量

中華蒸しめん（ほぐす）… 1玉
キャベツ（2cm幅の短冊切り）
　… 1枚
A｜水… ½カップ
　｜焼きそばソース … 大さじ3
塩、こしょう … 各少々
サラダ油 … 小さじ2
ドッグパン … 1本
青のり、紅しょうが … 各適量

① フライパンにサラダ油を熱し、キャベツを中火でしんなり炒め、めんを加えてほぐれたら、Aを加えて汁けがなくなるまで炒める。塩、こしょうで味を調える。

② ドッグパンはまん中に切り込みを入れ、何もひかずに熱したフライパンで切り口をこんがりと焼く。好みの量の①、青のり、紅しょうがをのせる。

焼きそばパンは、めんとパンを同じくらいのやわらかさにするのがコツ。やや多めの水を加えて炒めて。

コロッケ

コロッケにソースが合うのは
もちろんですが、
実はしょうゆ＋マヨネーズも
相性ぴったり。
これ、私のお気に入りの食べ方です。

● 材料 (1人分)

市販のコロッケ … 1個
キャベツ (せん切り) … 1/2枚
青じそ (せん切り) … 1枚
A｜マヨネーズ … 大さじ1
　｜しょうゆ … 小さじ1/2
食パン … 1枚

① コロッケはオーブントースターで
　5分焼いて温める。

② 食パンにキャベツと青じそ、
　①をのせ、混ぜたAをかける。

とんかつ

とんかつソースに
少しだけしょうゆを混ぜるのがミソ。
ソースの甘みと
しょうゆのキリッとした
おいしいとこ取りの合わせ技です。
とんかつソース＋マヨネーズでも◎。

● **材料（1人分）**

市販のとんかつ … 1枚
キャベツ（せん切り）… 1/2枚
A｜とんかつソース … 大さじ1
　｜しょうゆ … 小さじ1
食パン … 1枚

① とんかつはオーブントースターで
　5分焼いて温め、食べやすく切る。

② 食パンにキャベツ、①をのせ、
　混ぜたAをかける。

ピザトースト

ちょっとクラシックな喫茶店のピザトースト。
ピーマンの香りと味が大切です。必ずのせましょう。
サラミもちょっと上質なものを使うと、
ぐっとおいしくなります。

● 材料（1人分）

サラミ（薄切り）… 2枚
ピーマン（輪切り）… 4枚
市販のピザソース … 大さじ1
ピザ用チーズ … 大さじ4
食パン … 1枚
粗びき黒こしょう、タバスコ … 各少々

① 食パンにピザソースを塗り、チーズ、
ピーマン、半分に切ったサラミをのせ、
オーブントースターでチーズに
少しこげ目がつくまで焼く。
黒こしょうとタバスコをかける。

ハムカツ

ハムカツに不思議とよく合う、輪切りのトマト。
トマトはキッチンペーパーで余分な水けを吸い取ってから使うと、水っぽくなりません。

 材料（1人分）

市販のハムカツ … 1枚
トマト（薄い輪切り）… 3枚
A｜マヨネーズ … 小さじ1
　｜練りがらし … 小さじ1/4
食パン … 1枚
とんかつソース … 適量
きゅうりのピクルス（あれば・
　斜め半分に切る）… 1本

① トマトはキッチンペーパーに
のせて水けをきる。
ハムカツはオーブントースターで
5分焼いて温める。

② 食パンに混ぜたAを塗り、
①をのせてとんかつソースをかけ、
ピクルスを添える。

トマトはキッチンペーパーに
のせ、水けをきるのが大切。
これで、パンが水っぽくな
らず、おいしく仕上がる。

ラクラク のっけ

台所にいつもある調味料や
缶詰、ストック食材など、
手軽な材料で作る、簡単のっけパンです。
私の大好物のきゅうりもみに
塩昆布×チーズなど、
こんな組み合わせもあり！という発見を
ぜひ楽しんでください。

オリーブオイル粉チーズ

オリーブオイルは、古くなると香りが落ちるので、開けたてのものがベスト。なるべく新鮮なものを使うと、おいしくできます。

● 材料（1人分）

A｜オリーブ油 … 小さじ2
　｜塩、粗びき黒こしょう … 各少々
　｜粉チーズ … 小さじ1
食パン … 1枚

① 食パンはトースターなどで焼き、
　 Aを順にのせる。

チャーシューねぎマヨ

チャーシューと長ねぎがカリッと焼けるように、スライスチーズは下に敷いて。フランスパンで作ると、軽い感じに仕上がります。

● 材料（1人分）

A｜市販のチャーシュー
　｜　（1cm角に切る）… 3枚
　｜長ねぎ（小口切り）… 6cm
　｜マヨネーズ … 大さじ1
　｜粗びき黒こしょう … 少々
スライスチーズ … 1枚
食パン … 1枚

① 食パンにスライスチーズ、
　 混ぜたAをのせ、
　 オーブントースターで
　 こげ目がつくまで焼く。

みそマヨネーズ

ねぎみそチーズ

こうすると、パンにぴったりです。

スライスチーズを足しました。

ごはんにぴったりのねぎみそに、

食パン1枚に、みそ小さじ1弱のバランスで。

みそは塩けが強いので、

塗りすぎには注意しましょう。

● 材料（1人分）

A｜みそ … 小さじ2
　｜長ねぎ（小口切り）… 5cm
　｜削り節 … ふたつまみ
スライスチーズ … 1枚
食パン … 1枚
七味唐辛子 … 少々

 食パンに混ぜたAを塗り、
スライスチーズをのせ、
オーブントースターで
こげ目がつくまで焼き、
七味唐辛子をふる。

● 材料（1人分）

A｜みそ … 小さじ1弱
　｜マヨネーズ … 小さじ2
食パン … 1枚
かいわれ（ざく切り）… 適量

① 食パンに混ぜたAを塗り、
オーブントースターで
こげ目がつくまで焼き、
かいわれをのせる。
好みで七味唐辛子をふってもいい。

きゅうりもみ

塩昆布ねぎチーズ

きゅうりのサンドイッチのトースト版。
暑い時期でも、おいしく食べられるパンです。
具は、ほかに何も加えないのがおすすめ。
ほんとです。

● 材料（1人分）

きゅうり（薄い小口切り）… ½本
A｜オリーブ油 … 小さじ2
　｜粗びき黒こしょう、マヨネーズ
　｜　… 各少々
食パン … 1枚
レモン（1cm厚さの半月切り）… 適量

① きゅうりは塩ひとつまみ
　（分量外）をふってしばらくおき、
　しんなりしたら水けを絞る。

② 食パンはトースターなどで焼き、
　❶をのせてAをかけ、レモンを添える。
　レモンを絞って食べるとおいしい。

塩昆布のうまみが、チーズとよく合います。
万能ねぎの代わりに、
青じそのせん切りでも美味。

● 材料（1人分）

A｜塩昆布（みじん切り）… ひとつまみ
　｜万能ねぎ（小口切り）… 1本
スライスチーズ … 1枚
食パン … 1枚

① 食パンにスライスチーズをのせ、
　オーブントースターで
　チーズが溶けるまで焼き、
　Aをのせる。好みで食パンに
　バターやオリーブ油を塗って
　焼いてもいい。

しらす
ねぎマヨ

たっぷりのねぎがポイントです。
長ねぎよりも万能ねぎが、
やさしい香りでパンに合います。

● 材料 (1人分)

A｜しらす … 大さじ2
　｜万能ねぎ（小口切り）… 2本
　｜マヨネーズ … 大さじ1
食パン … 1枚
七味唐辛子 … 少々

① 食パンに混ぜたAを塗り、
オーブントースターで
こんがりと焼き、
七味唐辛子をふる。

しらす
にんにく

しらすをのせてからトーストしましょう。
カリッと焼けて香ばしくなります。
油はオリーブオイルや、バターでも。

● 材料 (1人分)

しらす … 大さじ2
にんにく（粗みじん切り）… 小さじ1
ごま油 … 大さじ1
食パン … 1枚
粗びき黒こしょう … 少々
青じそ（せん切り）… 2枚

① 食パンにごま油を塗り、
にんにく、しらすをのせて
オーブントースターでこんがりと焼き、
黒こしょうをふって青じそをのせる。
青じその代わりに、バジルの葉でも。

ちくわ明太マヨ

たらこマヨネーズ

 材料 （1人分）

ちくわ … 1本
A｜にんにく（みじん切り）… 小さじ1
　｜オリーブ油 … 小さじ1
明太子（薄皮を除く）… 小さじ2
ドッグパン … 1本
マヨネーズ、粗びき黒こしょう … 各適量

① ドッグパンはまん中に切り込みを
　入れ、何もひかないフライパンで
　切り口を焼いて取り出す。

② 続けてフライパンにAを入れて
　中火にかけ、香りが出たらちくわを
　加えて少しこげ目がつくまで焼く。
　❶に明太子とともにのせ、
　マヨネーズと黒こしょうをかける。

ちくわは、にんにく＋オリーブ油でソテーします。
少しこげ目がつくくらいに炒めましょう。
でも、にんにくは黒こげにならないように。

材料 （1人分）

A｜たらこ（薄皮を除く）
　｜　… 大さじ1
　｜玉ねぎマヨネーズ（p75参照）
　｜　… 大さじ2
食パン … 1枚
粗びき黒こしょう … 少々

① 食パンに混ぜたAを塗り、
　オーブントースターで
　こんがりと焼き、
　黒こしょうをふる。

たらこは、ちょっとこげたくらいがおいしい。
これにつぶしたじゃがいもを混ぜれば、
ぐんとボリュームも出ます。

コンビーフ
カッテージ
チーズ

かにかま
サラダ

インチキだけどおいしい、このコンビーフのパテ風は、
お客さまの時にも使えるし、ワインにもぴったりです。
コンビーフは、脂が少なめのものを選んで。

● 材料（1人分）

A｜コンビーフ（脂肪少なめのもの）
　　　… 1/4缶（25g）
　　カッテージチーズ（裏ごしタイプ）
　　　… 大さじ2
　　万能ねぎ（小口切り）… 1本
食パン … 1枚
粒マスタード … 適量

① 食パンはトースターなどで焼き、
　混ぜたA（万能ねぎは少し残す）、
　残りの万能ねぎ、
　粒マスタードをのせる。

かにかまは、うまみたっぷり。
きゅうりや玉ねぎと合わせるだけでもおいしい。
塩をした野菜は、水けをしっかり絞りましょう。

● 材料（1人分）

かにかま（ほぐす）… 1本
A｜きゅうり（せん切り）… 1/4本
　　玉ねぎ（薄切り）… 5枚
B｜マヨネーズ … 小さじ2
　　塩、こしょう … 各少々
食パン … 1枚
粗びき黒こしょう … 少々

① ボウルにAを入れて
　塩少々（分量外）をふり、
　しんなりしたら水けを絞り、
　かにかま、Bを混ぜる。
　トースターなどで焼いた食パンに
　のせ、黒こしょうをふる。

チャーシューねぎマヨラー油

コンビーフトマト

辛さは、食べるラー油の量で調節してください。
このねぎマヨラー油、
冷やし中華にのせるのもおすすめです。

昔、ドラマのオープニングで主人公が、
おいしそうにかぶりついていた組み合わせ、
コンビーフ、トマト、牛乳からヒントを得ました。

● 材料（1人分）
市販のチャーシュー … 4枚
A ｜ 万能ねぎ（小口切り）… 2本
　　マヨネーズ … 小さじ2
　　市販の食べるラー油
　　… 小さじ1/2
ごま油 … 小さじ1
食パン … 1枚

● 材料（1人分）
コンビーフ（脂肪少なめのもの）
　　… 1/3缶（約30g）
トマト（薄い輪切り）… 4枚
A ｜ マヨネーズ … 大さじ1
　　練りがらし … 小さじ1/6
食パン … 1枚
きゅうりのピクルス（あれば・輪切り）… 3枚
粗びき黒こしょう … 少々

① チャーシューは、何もひかない
　フライパンでさっと焼く。

② 食パンにごま油を塗り、❶、混ぜたA、
　食べるラー油少々（分量外）をのせる。

① トマトはキッチンペーパーにのせて
　水けをきり、コンビーフはほぐす。

② 食パンに混ぜたAを塗り、❶、
　ピクルスをのせ、黒こしょうをふる。

卵のっけ

パンと相性がいいといったら、やっぱり卵。
目玉焼きやスクランブルエッグなど
いつもの卵料理をみそで味つけしたり、
パンにしょうゆを塗ったり、
ひと工夫してのせました。

卵焼きハムチーズ

卵焼きには、必ず牛乳を入れてください。
ふんわりと焼き上がります。
スライスチーズにアツアツの卵焼きをのせて、
チーズを少し溶かして食べます。

🥚 材料（1人分）

A ┌ 卵 … 1個
　├ 牛乳 … 小さじ2
　└ 塩、こしょう … 各少々
バター … 小さじ½
ハム … 2枚
スライスチーズ … 1枚
食パン … 1枚
塩、粗びき黒こしょう
　　… 各少々

① フライパンを中火で熱し、
バターを入れて半分ほど溶けたら
混ぜたAを流し、半熟状になったら
半分に折って取り出す。
続けてハムを入れ、さっと焼く。

② 食パンにスライスチーズ、①をのせ、
余熱でチーズを溶かし、
塩、黒こしょうをふる。

半折り卵焼きの作り方

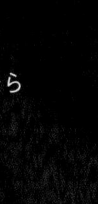

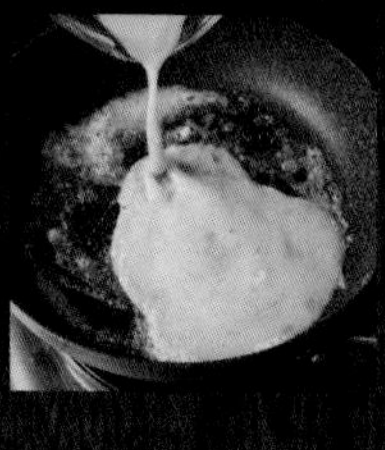

フライパンを熱してバターを入れ、半分くらい溶けたら卵液を一気に流す。

↓

半熟状になったら、半分に折る。これで、中はとろとろの卵焼きのでき上がり。

目玉焼きしょうゆバター

パンにしょうゆを塗って焼くのがコツ。目玉焼きは、黄身は半熟状でも、流れない程度にややしっかりめに焼きます。これに粉チーズをかけるのもおすすめ。

● 材料（1人分）

卵 … 1個
サラダ油 … 小さじ1
しょうゆ … 小さじ½
バター … 小さじ1
食パン … 1枚
万能ねぎ（小口切り）… ½本
A｜塩、粗びき黒こしょう、
　　オリーブ油 … 各少々

① 食パンはしょうゆを塗ってオーブントースターで焼き、すぐにバターをのせて溶かす。

しょうゆは、パンに直接かけるとすぐにしみ込んでしまうので、スプーンで少しずつのばすのがコツ。

② フライパンにサラダ油を熱し、卵を割り入れ、ふたをせずに黄身が半熟状の目玉焼きを作る。①に万能ねぎとともにのせ、Aをかける。

目玉焼きの作り方

フライパンにサラダ油を入れて熱し、十分に熱くなったら、油の上に卵を割り入れる。中火でふたはせずに焼き、白身の周囲はカリッと、黄身は半熟状に仕上げる。

みそスクランブルエッグ

みそは牛乳で溶いてから、卵と混ぜましょう。いきなり卵に加えると、みそが溶けにくくなってしまいます。

●材料（1人分）

卵 … 1個
A｜牛乳 … 小さじ2
　｜みそ … 小さじ1
　｜こしょう … 少々
バター … 小さじ1
ベーコン（半分に切る）… 1枚
食パン … 1枚
七味唐辛子 … 少々

① Aは合わせてみそを溶き、卵に加えてよく混ぜる。

② フライパンを何もひかずに熱し、ベーコンを中火でカリカリに焼いて取り出す。続けてバターを入れ、半分ほど溶けたら❶を流し、ゆっくり大きく混ぜて半熟状に焼く。食パンにベーコンとともにのせ、七味唐辛子をふる。

スクランブルエッグの作り方

バターが半分くらい溶けたところで卵液を流すと、バターの風味が卵にいきわたる。

↓

中火でゆっくり大きく混ぜて、バターと十分になじませる。好みのかたさの一歩手前になったら火を止め、ひと混ぜして、すぐに取り出す。

スクランブルエッグと
ほうれんそうナムル

● 材料（1人分）

A｜卵 … 1個
　｜塩、こしょう … 各少々
キャベツ（せん切り）… 1枚
サラダ油 … 小さじ1
食パン … 1枚
B｜削り節、お好み焼きソース、
　｜青のり、紅しょうが … 各適量

① フライパンにサラダ油を熱し、
　 キャベツを中火でしんなり
　 炒めて取り出す。これをAに
　 加えてよく混ぜ、同じフライパンに流し、
　 中火でゆっくり混ぜてから両面を焼く。

② 食パンに❶、Bをのせる。好みで
　 マヨネーズをかけてもいい。

キャベツをよく炒めてから、卵に混ぜて焼くと、食べた時に、お口の中でお好み焼き。お好み焼きの小麦粉代わりがパンなのです。

お好み焼き風
卵焼き

● 材料（1人分）

ほうれんそう … 2株
A｜オリーブ油 … 小さじ1
　｜しょうゆ … 小さじ½
　｜鶏ガラスープの素 … ふたつまみ
　｜塩、こしょう … 各少々
B｜卵 … 1個
　｜牛乳 … 小さじ1
　｜塩、こしょう … 各少々
オリーブ油 … 小さじ1　　食パン … 1枚
C｜粉チーズ、塩、こしょう … 各少々

① ほうれんそうは電子レンジで3分加熱し、
　 水にとって3cm長さに切り、Aであえる。

② フライパンにオリーブ油を熱し、混ぜたBを
　 半熟状に焼き、食パンに❶、Cとともにのせる。

スクランブルエッグを作る時は、あわてず、ゆっくり、大きく混ぜます。早く混ぜると、いり卵になるので注意。

ゆで卵ブロッコリー

ブロッコリーは、やわらかめにゆでるのがおすすめ。
ゆで卵は、ブロッコリーと同じくらいの大きさ、
やや大きめに刻むのがポイントです。

● 材料（1人分）

卵 … 1個
ブロッコリー … 小房4個
A｜みそ … 小さじ1
　｜マヨネーズ … 小さじ2
　｜こしょう … 少々
食パン … 1枚

① 卵は好みのかたさにゆで（p74参照）、
　殻をむいて1.5cm角に切る。
　ブロッコリーは塩少々（分量外）を加えた
　熱湯でやわらかめにゆで、
　水にとって水けをきり、ざく切りにする。

② ボウルにAを合わせ、①を加えてあえ、
　食パンにのせる。

ボリュームのっけ

肉や魚をたっぷり使った、
ごはんのおかずにもなるものを
少し大胆にのせてみました。
そのままでは「ちょっとなぁ…」と
なじまないおかずも、
チーズやマヨネーズが
パンとのつなぎ役になってくれます。

豚のしょうが焼き

豚肉は薄めのほうが、
パンにのせた時に食べやすいです。
マヨネーズが、おかずとパンの味を
しっかりつなぐ役目をしています。

● **材料（1人分）**

豚こま切れ肉 … 50g
しょうが … ¼かけ
A｜しょうゆ、みりん … 各小さじ1½
サラダ油 … 小さじ1
キャベツ（せん切り）… ½枚
食パン … 1枚
マヨネーズ … 適量

① フライパンにサラダ油を熱し、豚肉を広げて
　入れ、しょうがを上からすりおろして
　中火で両面を焼き、Aをからめる。

② 食パンにキャベツ、マヨネーズ、
　❶をたれとともにのせる。

鶏のから揚げ マスタードマヨ

市販のから揚げに、
ひと味足してのせます。
マスタードマヨネーズのほかに、
ラー油マヨネーズやみそマヨネーズでも
おいしくできます

● 材料（1人分）

市販の鶏のから揚げ … 3個
水菜（ざく切り）… ¼株
A｜マヨネーズ、フレンチマスタード
　　… 各小さじ2
食パン … 1枚

① から揚げはオーブントースターで5分焼いて温め、
2cm厚さに切る。

② 食パンに混ぜたAの半量を塗り、水菜、❶をのせ、
残りのAをかける。

タンドリーチキン

鶏肉は身の厚い部分に切り目を入れ、厚みを均一にして漬ける。トースターの天板にアルミホイルを敷き、重ならないように並べて焼く。

鶏肉はたれに漬けておけば、冷蔵室で5日くらい保存できます。たくさん作って、のっけパン以外にもどんどん活用してください。

● 材料（1人分）　*タンドリーチキンは作りやすい分量

鶏もも肉 … 1枚（250g）

A | プレーンヨーグルト … 大さじ3
　　しょうが（すりおろす）… 小さじ1
　　にんにく（すりおろす）… ¼かけ
　　カレー粉、ケチャップ、レモン汁、
　　　サラダ油 … 各小さじ1
　　塩 … 小さじ½

レタス（ちぎる）… ¼枚
きゅうり（斜め薄切り）… 3枚
玉ねぎ（みじん切りにして
　水にさらす）… 大さじ1
食パン … 1枚
粗びき黒こしょう … 少々

① 鶏肉はひと口大のそぎ切りにし、混ぜたAに1時間以上漬け、オーブントースターで10〜15分焼く。

② 食パンはトースターなどで焼き、レタス、きゅうり、好みの量の❶、玉ねぎをのせ、黒こしょうをふる。

● **材料（1人分）** ＊カレー炒めは作りやすい分量

合びき肉 … 50g　　トマト（粗みじん切り）… ¼個
大豆（ドライパック）… ½袋（30g）
玉ねぎ（みじん切り）… 大さじ3
A｜ しょうが（みじん切り）… 小さじ1
　 ｜ にんにく（みじん切り）… 小さじ⅓
B｜ カレー粉、小麦粉 … 各小さじ1
C｜ ケチャップ … 小さじ1　　固形スープの素 … ½個
　 ｜ 塩 … 小さじ¼　　こしょう … 少々　　水 … ¼カップ
サラダ油 … 小さじ2
食パン … 1枚　　パセリ（あれば）… 適量

① フライパンにサラダ油を熱し、玉ねぎを中火で炒め、
　 Aを加えて香りが出たら、ひき肉を加えて炒める。

② トマト、大豆、Bを加えて炒め、粉っぽさが
　 なくなったらCを加え、とろみがつくまで煮る。
　 好みの量をパセリとともに食パンにのせる。

ゆで鶏の
みそだれ

肉なしのジャジャ麺のみそだれを
鶏肉にのせてみました。
みそだれはたくさん作って、
サラダやめんにのせても。

ひき肉と大豆の
カレー炒め

ゆで大豆が入って、ヘルシーさも抜群。
ごはんにかけてもおいしいカレーです。
多めに作って、晩ごはんにも。

● **材料（1人分）** ＊みそだれは作りやすい分量

鶏もも肉 … ½枚
きゅうり（斜め薄切り）… ½本
A｜ 長ねぎ（みじん切り）… 大さじ2
　 ｜ しょうが（みじん切り）… 小さじ½
　 ｜ にんにく（みじん切り）… 小さじ⅓
B｜ 八丁みそ … 大さじ1　　砂糖 … 小さじ1
　 ｜ 水 … ¾カップ
ごま油 … 小さじ1　　食パン … 1枚
マヨネーズ、長ねぎ（みじん切り）… 各適量

① 鶏肉はラップをかけて電子レンジで2分加熱し、
　 そのまま冷まして1cm厚さに切る。

② 小鍋にごま油、Aを入れて弱火で炒め、Bを加えて
　 とろりと煮詰める。マヨネーズを塗った食パンに
　 きゅうり、❶、好みの量のたれ、長ねぎをのせる。

● 材料（1人分）

ウインナ（斜め薄切り）… 2本
ピーマン（1cm幅に切る）… 1個
玉ねぎ（1cm幅に切る）… ¼個
A｜ケチャップ … 大さじ1
　｜塩、こしょう … 各少々
　｜水 … 大さじ3
サラダ油 … 小さじ2
食パン … 1枚
粗びき黒こしょう、粉チーズ … 各適量

① フライパンにサラダ油を熱し、
　ウインナと野菜を中火でしんなり炒め、
　Aを加えて汁けがなくなるまで炒める。

② 食パンに❶をのせ、
　黒こしょうと粉チーズをふる。

いわば、ナポリタンのパスタ抜き。
スパゲッティも原料は小麦粉ですから、
この具、パンにだって合うはずです。

カレーパンの具

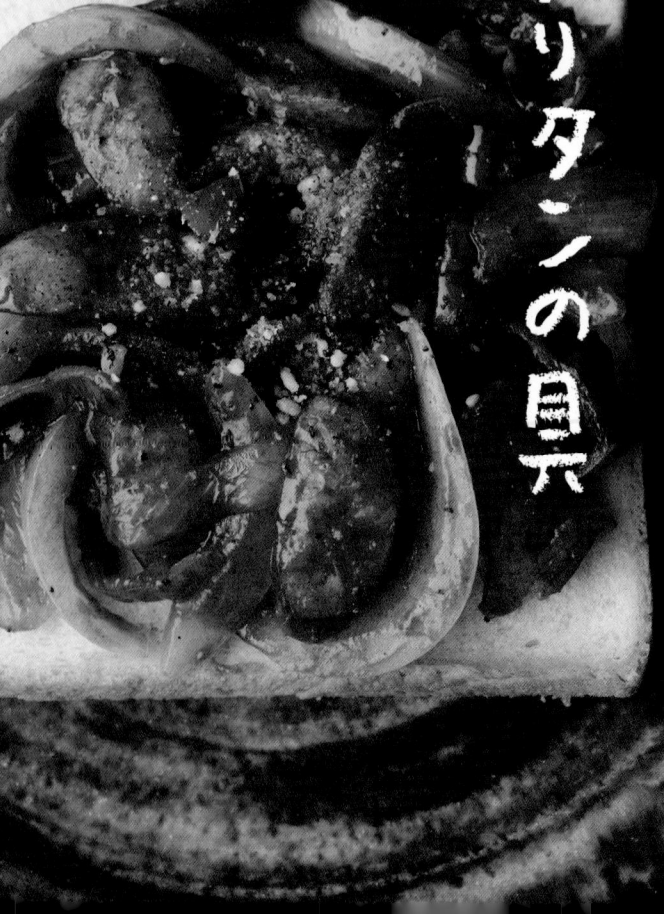

ナポリタンの具

● 材料（1人分）

＊カレーパンの具は作りやすい分量

市販のレトルトカレー … 1袋
じゃがいも … 中1個
A｜カレー粉 … 小さじ¼
　｜塩 … 小さじ⅓
スライスチーズ … 1枚
食パン … 1枚
B｜福神漬け、パセリ（みじん切り）… 各適量

① じゃがいもは電子レンジで
　4分加熱し（p76参照）、
　熱いうちに皮をむいてつぶす。
　Aを混ぜ、温めたカレーと混ぜる。

② 食パンはトースターなどで焼き、
　チーズ、好みの量の❶、Bをのせる。

レトルトカレーにつぶしたじゃがいもを混ぜて、
焼いたパンにのせたら、あらカレーパン！
残りもののカレーで作っても。

材料 (1人分)

塩鮭の切り身 … ½枚
ピザ用チーズ … 大さじ3
食パン … 1枚
A｜オリーブ油 … 小さじ1
　｜バジルの葉 (あれば・ちぎる) … 2枚
　｜粗びき黒こしょう … 少々

① 塩鮭は魚焼きグリルで
　こんがりと焼き、
　骨と皮を除いてほぐす。

② 食パンに❶とチーズをのせ、
　オーブントースターでチーズが
　溶けるまで焼き、Aをかける。

塩鮭は焼いて骨と皮をとり、
保存容器に入れておけば日持ちもします。
焼き鮭があれば、チーズをのせて焼くだけです。

サーモンのバター焼き

塩鮭チーズ

材料 (1人分)

サーモンの刺身 (そぎ切り)
　… 小⅓さく (50g)
A｜塩、こしょう … 各少々
バター … 小さじ1
玉ねぎマヨネーズ (p75参照) … 大さじ2
食パン … 1枚
ベビーリーフ (または水菜のざく切り)、
　レモン (いちょう切り) … 各適量

① サーモンはAをふり、
　バターを溶かしたフライパンの
　中火で両面をさっと焼く。

② 食パンに玉ねぎマヨネーズの半量、
　ベビーリーフ、❶、レモン、
　残りの玉ねぎマヨネーズをのせる。

サーモンは骨と皮のない、
刺身用を使うと手軽です。
ここでも、玉ねぎマヨネーズが活躍です。

● 材料 (1人分)

市販のチャーシュー … 4枚
もやし … ½袋（100g）
A｜塩、こしょう、ごま油 … 各少々
B｜長ねぎ（みじん切り）… 5cm
　｜しょうが（みじん切り）… 小さじ1
　｜にんにく（みじん切り）… 小さじ¼
　｜マヨネーズ … 大さじ1
　｜ポン酢じょうゆ … 小さじ2
　｜ごま油（好みで）… 小さじ½
食パン … 1枚　　粗びき黒こしょう … 少々

①　もやしは電子レンジで2分加熱し、
　　水けをきってAであえる。チャーシューは、
　　何もひかないフライパンでさっと焼く。

②　食パンに❶をのせ、混ぜたBと
　　黒こしょうをかける。

もやしたっぷりの中華風のっけパンです。
ポン酢ベースのドレッシングがおいしい。
ラー油やコチュジャンを加えても。

焼き魚肉ソーセージ

チャーシューもやし

ギョニソ（魚肉ソーセージ）は、
こげ目がつくまで焼くのがコツ。
玉ねぎは必須です。

● 材料 (1人分)

魚肉ソーセージ（縦半分に切る）… ½本
A｜カレー粉 … 小さじ¼
　｜塩、こしょう … 各少々
サラダ油 … 小さじ1
玉ねぎ（みじん切り）… 大さじ1
ドッグパン … 1本
マヨネーズ、粗びき黒こしょう … 各適量

①　ドッグパンはまん中に切り込みを入れ、
　　何もひかずに熱したフライパンで
　　切り口をこんがりと焼いて取り出す。

②　続けてフライパンにサラダ油を熱し、
　　魚肉ソーセージを中火でこんがりと焼き、
　　Aをふる。❶に玉ねぎとともにのせ、
　　マヨネーズ、黒こしょうをかける。

おつまみ のっけ

香ばしいガーリックトーストや、
カレー粉、こしょうなどを
ビシッときかせたものをのせて。
お酒のおともにおすすめのパンばかりです。
「何かつまむものを…」という時に、
必ず役に立ちます。

ガーリックトースト4種

ペペロンチーノ風

いちばんシンプルな
ガーリックトーストです。
フランスパンや、
ピザ生地でもお試しください。

材料（1人分）

A｜にんにく（すりおろす）… 小さじ1/4
　｜オリーブ油 … 小さじ2〜大さじ1
食パン … 1枚
B｜粉チーズ … 小さじ1
　｜塩、粗びき黒こしょう、
　｜一味唐辛子 … 各少々

① 食パンに混ぜたAを塗り、
　 オーブントースターでこげ目が
　 つくまで焼き、Bをふる。

桜えびパセリ

桜えびの香りがきいています。
バターとオリーブオイル、
どちらでもおいしくできます。

材料（1人分）

桜えび … ふたつまみ
A｜にんにく（すりおろす）… 小さじ1/4
　｜バター … 小さじ2
食パン … 1枚
B｜塩、粗びき黒こしょう、
　｜パセリ（みじん切り）… 各少々

① 食パンに混ぜたAを塗り、
　 桜えびをのせ、
　 オーブントースターで
　 こげ目がつくまで焼き、
　 Bをふる。

ガーリックトーストは、すりお
ろしたにんにくと、バターかオ
リーブ油で作る。オイルとに
んにくを混ぜてパンに塗り、オ
ーブントースターでこんがりと
焼けばでき上がり。バターと
オリーブ油は、お好みで。

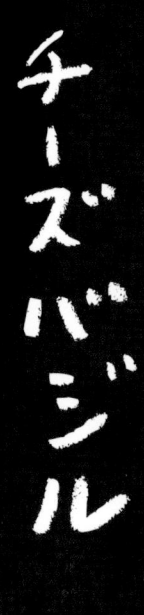

しらす青じそ

ちょっぴり和風のガーリックトースト。
しょうゆを塗ったパンで
作ってもおいしい。

● 材料（1人分）

しらす … 大さじ2
青じそ（みじん切り）… 2枚
A｜ にんにく（すりおろす）
　｜　… 小さじ1/4
　｜ バター … 小さじ2
食パン … 1枚

① 食パンに混ぜたAを塗り、
しらすをのせ、
オーブントースターで
こげ目がつくまで焼き、
青じそをのせる。

チーズバジル

チーズを足して、ちょっとボリュームアップ。
バジルの色が悪くなるので、
すぐに食べましょう。
トマトをあとからのせても合います。

● 材料（1人分）

スライスチーズ … 1枚
バジルの葉 … 2〜3枚
A｜ にんにく（すりおろす）
　｜　… 小さじ1/2
　｜ オリーブ油 … 小さじ2
食パン … 1枚
B｜ 塩、粗びき黒こしょう、
　｜　タバスコ … 各少々

① 食パンに混ぜたAを塗り、
スライスチーズをのせて
オーブントースターで
チーズが溶けるまで焼き、
バジルの葉とBをのせる。

アボカドディップ

トマトバジル

メキシコ料理っぽい具のトーストです。タコスチップスが、カリカリッとアクセントに。ポテトチップスでもOKです。

● 材料（1人分）

*アボカドディップは作りやすい分量

アボカド … ½個

A｜マヨネーズ … 大さじ1
　｜レモン汁 … 小さじ½
　｜にんにく（すりおろす）… 小さじ¼
　｜塩、こしょう … 各少々

トマト（薄い半月切り・水けをきる）… 4枚

食パン … 1枚

タコスチップス（手で割る）… 適量

B｜タバスコ、粗びき黒こしょう … 各少々

① アボカドは種を除き、
　 フォークでつぶしてAを混ぜる。

② 食パンはトースターで焼き、トマト、
　 好みの量の❶、タコス、Bをのせる。

トマトのおいしい汁をしみ込ませて食べるので、少し乾燥したパンで作るといいです。買ったばかりのパンなら、やや強めにトーストします。

● 材料（1人分）

A｜トマト（1cm角に切る）… ½個
　｜バジルの葉（粗みじん切り）… 2枚
　｜塩 … 小さじ¼
　｜粗びき黒こしょう … 少々

B｜にんにく（みじん切り）… 小さじ¼
　｜オリーブ油 … 小さじ1

食パン … 1枚

バジルの葉 … 適量

① 食パンに混ぜたBを塗り、
　 オーブントースターで
　 しっかりこげ目がつくまで焼き、
　 混ぜたA、バジルの葉をのせる。

じゃがベーコンチーズ

ビアホールや居酒屋でおなじみの、ジャーマンポテトをのせちゃいました。
玉ねぎは、薄く色づくまで炒めて。

● 材料（1人分）　　*じゃがいも炒めは作りやすい分量

じゃがいも … 中1個
ベーコン（1cm幅に切る）… 2枚
玉ねぎ（薄切り）… ¼個
A｜塩 … 小さじ¼
　｜粗びき黒こしょう … 少々
バター … 大さじ½
スライスチーズ … 1枚　　食パン … 1枚
粒マスタード、きゅうりのピクルス
　… 各適量

① じゃがいもは電子レンジで4分加熱し
（p76参照）、1cm厚さのいちょう切りにする。

② フライパンを熱してベーコン、バターと玉ねぎ
の順に炒め、❶を加えてAをふる。好みの量を
トースターで焼いた食パンにチーズ、
粒マスタードとともにのせ、ピクルスを添える。

ウインナのカレー粉焼き

カレー粉をほんの少し加えるだけで、
いつものウインナが大変身。
ちょっとスパイシーに生まれ変わります。

● 材料（1人分）

ウインナ … 3本
玉ねぎ（1cm角に切る）… ¼個
A｜カレー粉、塩、こしょう … 各少々
サラダ油 … 小さじ2
食パン … 1枚
ケチャップ、粗びき黒こしょう
　… 各適量

① ウインナは縦半分に切り、
表面に切り目を入れる。

② フライパンにサラダ油を熱し、
玉ねぎを中火で透き通るまで炒め、
❶を加えてこげ目がついたら、Aをふる。
食パンにのせ、ケチャップと
黒こしょうをかける。

ラザニア風

チリビーンズ風

缶詰にひき肉を加えてボリュームアップ。
ホワイトソース代わりに使った、
カッテージチーズで軽い食感に。

材料（1人分）

*ミートソースは作りやすい分量

合びき肉 … 50g
ミートソース缶 … ½ カップ
A｜塩 … ふたつまみ
　｜こしょう … 少々
サラダ油 … 小さじ1
カッテージチーズ … ¼ カップ
スライスチーズ … 1枚　　食パン … 1枚
パセリ（あれば・みじん切り）… 適量

① フライパンにサラダ油を熱し、
　ひき肉を中火でこげ目がつくまで炒め、
　ミートソースを加えて煮立たせ、Aをふる。

② 食パンにカッテージ、好みの量の❶、チーズをのせ、
　オーブントースターで焼き、パセリをふる。

ミートソース缶で簡単に作れるチリビーンズ
食パンにのせてピザ用チーズを散らし、
トースターで焼いてもおいしい。

材料（1人分）

*チリビーンズは作りやすい分量

A｜大豆（ドライパック）… ½ カップ
　｜ミートソース缶 … ½ カップ
B｜玉ねぎ（みじん切り）… 大さじ3
　｜赤唐辛子（小口切り）… 少々
C｜塩、こしょう … 各少々
サラダ油 … 小さじ1　　ドッグパン … 1本
パセリ（あれば・みじん切り）… 適量

① フライパンにサラダ油を熱し、
　Bを中火で茶色くなるまで炒め、
　Aを加えて煮立たせ、Cをふる。

② ドッグパンはまん中に切り込みを入れ、
　何もひかないフライパンで切り口を焼く。
　好みの量の❶、パセリをのせる。

スパムのピカタ

卵をつけては焼くのをくり返し、ころもを厚めにからめたピカタ。卵1個をムダなく使いきります。

🔴 材料（1人分）

ポークランチョンミート（「スパム」）
　… 1cm厚さ1枚
卵 … 1個
小麦粉、サラダ油 … 各小さじ1
食パン … 1枚
粗びき黒こしょう、サニーレタス、
　ケチャップ、マヨネーズ … 各適量

① スパムは黒こしょうをふって小麦粉をまぶし、溶いた卵にくぐらせ、サラダ油を熱したフライパンで両面を焼き、卵が固まったらまた卵をつけて焼くのをくり返す。

② 食パンにサニーレタス、食べやすく切った❶をのせ、ケチャップとマヨネーズをかける。

スパムのこしょう焼き

スパムはじっくり焼いて、しっかりこげ目をつけて。ぐんと香ばしくなります。

🔴 材料（1人分）

ポークランチョンミート（「スパム」・
　斜め半分に切る）… 5mm厚さ2枚
サラダ油 … 小さじ1
玉ねぎ（薄切り）… 1/8個
ドッグパン … 1本
粒マスタード、粗びき黒こしょう、
　パセリ（あれば）… 適量

① 玉ねぎは塩少々（分量外）をふってもみ、水けを絞る。フライパンにサラダ油を熱し、スパムの両面を中火でこんがりと焼く。

② ドッグパンは切り込みを入れ、フライパンで切り口を焼く。❶、粒マスタードをのせ、黒こしょうをふってパセリを添える。

かにかまフライ

ちくわの磯辺揚げ

かにかまフライ

 材料（1人分）

かにかま … 2本
A｜天ぷら粉、水 … 各小さじ2
玉ねぎマヨネーズ（p75参照）… 大さじ1
ロールパン … 1個
パン粉、揚げ油、サニーレタス（ちぎる）
　… 各適量

① かにかまは混ぜたA、パン粉の順に
　ころもをつけ、中温（170℃）の
　揚げ油でカラリと揚げる。

② ロールパンはまん中に切り込みを
　入れ、何もひかないフライパンで
　切り口を焼き、サニーレタス、❶、
　玉ねぎマヨネーズをのせる。
　好みでソースをかけてもいい。

市販の天ぷら粉を使えば、
少ない量でも、気軽にフライが作れます。
ロールパンも、切り口を焼くとおいしいですよ。

ちくわの磯辺揚げ

材料（1人分）

ちくわ … 1本
A｜天ぷら粉、水 … 各大さじ1
　｜青のり … 少々
キャベツ（せん切り）… 1/4枚
B｜マヨネーズ … 小さじ2
　｜練りがらし … 小さじ1/6
食パン … 1枚
揚げ油、とんかつソース … 各適量

① ちくわは混ぜたAをたっぷりとからめ、
　中温（170℃）の揚げ油でカラリと揚げる。

② 食パンはトースターなどで焼き、
　キャベツ、❶をのせ、
　混ぜたBとソースをかける。

ころもに青のりを混ぜた、
おなじみのちくわの磯辺揚げ。
ソースが意外と合うんです。

の力

ニンニク

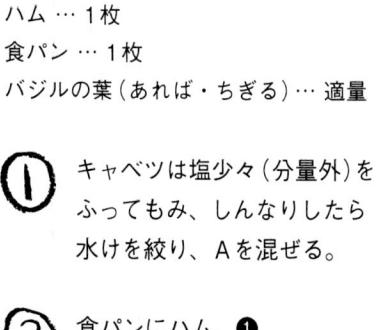

塩もみキャベツ

こちらは、せん切りキャベツにツナを混ぜた
正統派のコールスロー。
みずみずしい新キャベツだと、さらに美味。

● 材料（1人分）

キャベツ（せん切り）… ½枚
玉ねぎ（薄切り）… 5枚
A｜ツナ缶（汁けをきる）
　　… 小½缶（40g）
　　マヨネーズ、レモン汁、
　　オリーブ油 … 各小さじ½
　　粗びき黒こしょう … 少々
食パン … 1枚

① キャベツと玉ねぎは
　塩少々（分量外）をふってもみ、
　しんなりしたら水けを絞り、
　Aを混ぜて食パンにのせる。
　好みでマヨネーズをかけてもいい。

キャベツと
ツナの
コールスロー

細切りキャベツを塩もみにして作る、
簡単なコールスローです。
このままサラダとして食べても。

● 材料（1人分）

キャベツ（1.5cm幅に切る）… ½枚
A｜ホールコーン … 大さじ2
　　オリーブ油 … 小さじ1
　　粗びき黒こしょう … 各少々
ハム … 1枚
食パン … 1枚
バジルの葉（あれば・ちぎる）… 適量

① キャベツは塩少々（分量外）を
　ふってもみ、しんなりしたら
　水けを絞り、Aを混ぜる。

② 食パンにハム、❶、
　バジルの葉をのせる。

トマトと
モッツァレラチーズ

イタリア料理の「カップレーゼ」です。
カリカリに焼いたベーコンが欠かせません。
バジルの葉もあると、
イタリアンカラーになりますよ。

● 材料 (1人分)

トマト (薄い輪切り) … 4枚
モッツァレラチーズ (薄切り) … ½個 (50g)
ベーコン … 1枚
バジルの葉 (せん切り) … 2枚
A｜塩、粗びき黒こしょう、オリーブ油 … 各少々
食パン … 1枚

① トマトはキッチンペーパーにのせ、水けをきる。
　ベーコンは何もひかないフライパンで
　カリカリに焼き、細切りにする。

② 食パンはトースターなどで焼き、トマト、
　モッツァレラ、ベーコン、バジルの葉をのせ、
　Aをかける。

いんげんと
ごまあえと
ハム

甘辛味のおふくろの味ですが、
パンに合わせることもできます。
具は、このくらいシンプルなのが◎。

● **材料（1人分）**

*ひじき煮は作りやすい分量

A｜芽ひじき（乾燥・戻す）… 大さじ2½
　｜油揚げ（余分な油をふいて
　｜　短冊切り）… ½枚
　｜にんじん（短冊切り）… 3cm
市販のめんつゆ（3倍濃縮）… 大さじ1½
ごま油 … 小さじ1
プロセスチーズ（5mm角に切る）… 1切れ
食パン … 1枚　　マヨネーズ … 少々

 フライパンにごま油を熱し、Aを炒め、
めんつゆ、水1カップを加えて煮詰める。

② 食パンにマヨネーズを塗り、
好みの量の❶、チーズをのせる。

ひじき煮と
チーズ

いんげんは、やわらかめにゆでるのがコツ。
少し甘めの味つけにするほうが、
マヨネーズとよく合います。

● **材料（1人分）**

*ごまあえは作りやすい分量

いんげん … 1袋（100g）
A｜白すりごま … 大さじ2
　｜マヨネーズ … 大さじ1
　｜しょうゆ、砂糖 … 各小さじ2
ハム（細切り）… ½枚
食パン … 1枚

① いんげんは両端を切り落とし、
塩少々（分量外）を加えた熱湯で
やわらかめにゆで、
水にとって2cm長さに切り、
Aであえる。

② 食パンに好みの量の❶、
ハムをのせる。

● 材料（1人分）

＊明太ポテトサラダは作りやすい分量

じゃがいも … 中1個
A｜明太子（薄皮を除く）… 大さじ2
　｜玉ねぎマヨネーズ（p75参照）
　｜　… 大さじ2
　｜牛乳 … 大さじ1½〜2
　｜こしょう … 少々
食パン … 1枚
万能ねぎ（小口切り）… ½本

① じゃがいもは洗ってぬれたまま
丸ごとラップで包み、電子レンジで
4分加熱し、熱いうちに皮をむいて
つぶし、Aを混ぜる。

② 食パンに好みの量の❶、万能ねぎをのせる。

明太子でピリッとさせていますが、
味のイメージは、タラモサラダ。
パンにのせてからトーストしてもいいですよ。

きんぴらチーズ

明太ポテトサラダ

和風のおかずの代表です。
チーズやマヨネーズと合わせると、
パンにぴったりなおかずになります。

● 材料（1人分）

＊きんぴらごぼうは作りやすい分量

ごぼう … 細めのもの30cm
にんじん（せん切り）… 5cm
A｜しょうゆ … 大さじ1
　｜砂糖 … 小さじ2
ごま油 … 小さじ2
スライスチーズ … 1枚
食パン … 1枚　　白いりごま … 少々

① ごぼうは洗い、皮ごと斜め薄切りにして
せん切りにし、ごま油を熱したフライパンで
にんじんとともに炒め、A、水¼カップを加えて
汁けがなくなるまで炒め煮にする。

② 食パンにスライスチーズ、好みの量の❶を
のせ、白ごまをふる。

● 材料（1人分）

魚肉ソーセージ（斜め薄切り）… ½本
キャベツ（ざく切り）… ½枚
ピーマン（1cm幅に切る）… 1個
玉ねぎ（薄切り）… ¼個
A｜好みのソース … 大さじ2
　｜塩、こしょう … 各少々
サラダ油 … 小さじ1½
食パン … 1枚
マヨネーズ … 適量

① フライパンにサラダ油を熱し、
魚肉ソーセージを中火でこげ目が
つくまで炒め、野菜を加えてしんなりしたら、
Aを加えて汁けがなくなるまで炒める。

② 食パンに❶をのせ、マヨネーズをかける。

汁けがなくなるまで炒めて、
ソースをよくからめます。
焼かないパンにのせ、
半分に折ってほおばります。

アボカド蒸し鶏

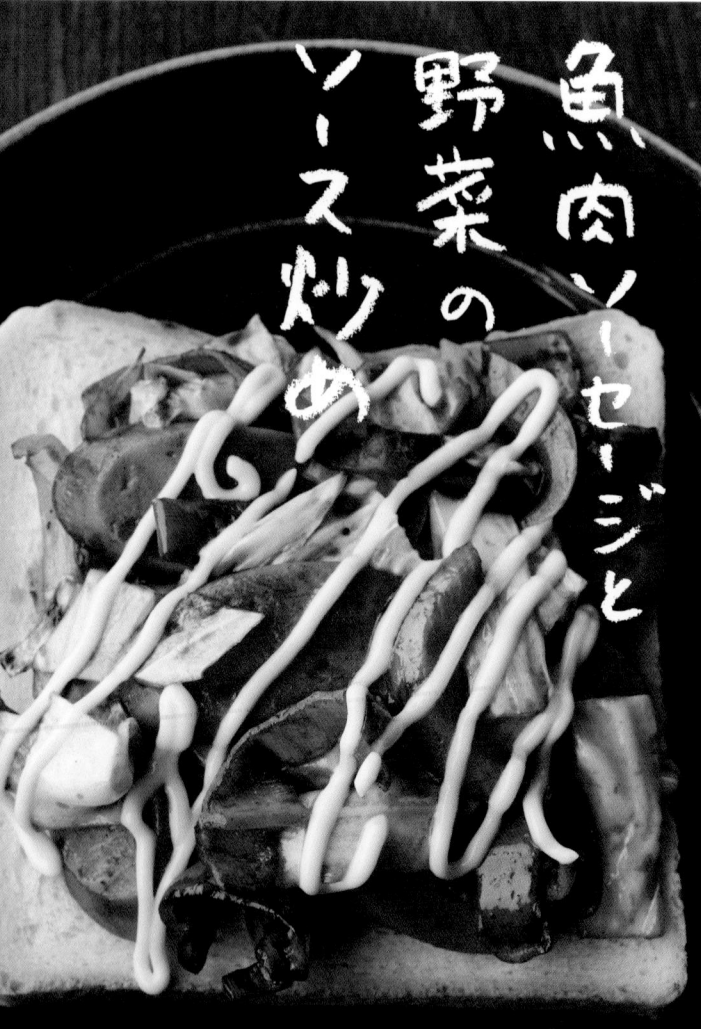

魚肉ソーセージと野菜のソース炒め

● 材料（1人分）
＊アボカド蒸し鶏は作りやすい分量

鶏もも肉 … ½枚
アボカド … ½個
A｜マヨネーズ … 大さじ1
　｜カレー粉 … 小さじ¼
　｜塩、こしょう … 各少々
レタス（大きめにちぎる）… ½枚
食パン … 1枚

① 鶏肉はラップをかけて電子レンジで2分
加熱し、そのまま冷まして1.5cm角に切る。
アボカドは種を除き、1.5cm角に切る。
これらをAであえる。

② 食パンにレタス、好みの量の❶をのせ、
カレー粉少々（分量外）をふる。

具は、同じくらいの大きさに切って。
とろりとしたアボカドには、
やわらかい食パンがおすすめ。

甘いもの

のっけ

おやつにおすすめの甘いもの。
あんこや生クリームは、
やっぱりおいしい。
ヨーグルト×ジャム、
バナナ×チョコレートなど、
身近なものでも
組み合わせ次第で
おしゃれパンになります。

あずき練乳

トーストして具をのせましたが、
焼かないやわらかいパンでもOK。
さらにお菓子のような味わいになります。

● 材料（1人分）

ゆであずき（缶詰など）… 大さじ4
加糖練乳 … 小さじ2
バター … 小さじ1
食パン … 1枚
抹茶 … 少々

① 食パンはトースターなどで焼いて
バターを塗り、
ゆであずき、練乳、抹茶をのせる。

あずきいちご

ごらんの通り、
いちご大福のようなのっけパンです。
パンをトーストしても
おいしくできます。

● 材料（1人分）

ゆであずき（缶詰など）… 大さじ4
いちご（薄い輪切り）… 大2個
食パン … 1枚

① 食パンにゆであずき、
いちごをのせる。

バニラアイス 黒ごま

バニラアイスにかける黒ごまは、まっ黒になるくらい思いきってたっぷりのせたほうが、ごまの風味が生きます。

● 材料（1人分）

バニラアイス … 約小1個（100ml）
黒すりごま … 大さじ山盛り1
食パン … 1枚

① アイスクリームは冷凍室から出して少しおき、やわらかくなったらスプーンですくって食パンにのせ、すりごまをふる。

きなこバター

きなこと砂糖はよく混ぜないほうが、きなこのおいしさ、砂糖の甘さがそれぞれ味わえておいしいです。

● 材料（1人分）

きなこ … 大さじ1
砂糖、バター … 各小さじ2
食パン … 1枚

① 食パンはトースターなどで焼いてバターを塗り、きなこと砂糖を軽く混ぜてかける。

いちご生クリーム

今はあまり見かけなくなりましたが、
フルーツパーラーの人気メニューでした。
ぜひ、買ったばかりの
やわらかい食パンで作って。

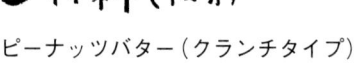

● 材料（1人分）

いちご（縦4等分に切る）… 3個
生クリーム … 大さじ3
砂糖 … 小さじ1½
食パン … 1枚

① ボウルに生クリームと砂糖を入れ、
　ふんわりするまで泡立てる（七～八分立て）。

② 食パンに①、いちごをのせる。

ピーナッツバターバナナ

ピーナッツバターとバナナって、
意外によく合うんです。
生パンでも、トーストしても。

● 材料（1人分）

ピーナッツバター（クランチタイプ）
　… 大さじ2
バナナ（5mm厚さに切る）… ½本
食パン … 1枚

① 食パンにピーナッツバターを塗り、
　バナナをのせる。

アッアツ〜

こんがり〜

焼きバナナチョコ

バナナは火を通すと、ぐっと甘みが増します。焼いたチョコパンの上に生のバナナをのせるだけのお手軽バージョンもおいしいです。

● 材料（1人分）

バナナ（5mm厚さに切る）… 1本
バター … 小さじ1
板チョコ（粗く刻む）… 2かけ
食パン … 1枚

① 食パンに板チョコをのせ、
　オーブントースターで
　チョコが少し溶けるまで焼く。

② フライパンにバターを溶かし、
　バナナの両面を中火で焼き、
　❶にのせる。甘みを足したい時は、
　上から砂糖少々（分量外）をふる。

カッテージチーズ いちごジャム

軽い食感のカッテージチーズを
たっぷりのせるのがおすすめ。
濃厚にするなら、クリームチーズでも。

● 材料 (1人分)

カッテージチーズ … 大さじ山盛り4
いちごジャム … 大さじ2
食パン … 1枚

① 食パンにカッテージチーズ、
いちごジャムをのせる。

クリームチーズと ドライフルーツ

ドライフルーツは、
水につけてやわらかくすると
パンに合います。
ミックスでなく、
お好みのフルーツだけでも。

● 材料 (1人分)

クリームチーズ … 大さじ4
ミックスドライフルーツ (刻んだもの) … 大さじ3
食パン … 1枚

① ドライフルーツはぬるま湯¼カップに
30分つけ、やわらかくする。
好みのドライフルーツを5mm角に切ってもいい。

② 食パンにクリームチーズを塗り、
汁けをきった❶をのせる。

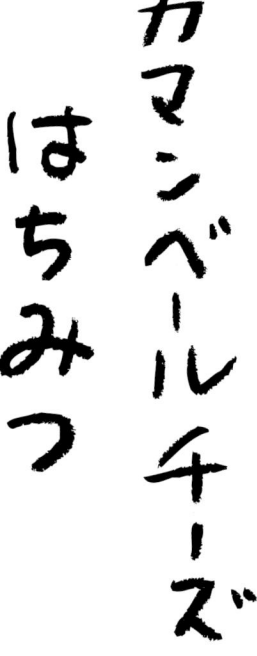

水きりヨーグルトと あんずジャム

ヨーグルトは、水きりする時間を
少し長くすると、より濃厚に、
まるでカッテージチーズのようです。
ジャムは、いちごジャムなどでも。

● 材料（1人分）

プレーンヨーグルト … 1カップ
あんずジャム … 大さじ2
食パン … 1枚

① 小さなざるに厚手のキッチンペーパー
（またはガーゼ）を敷き、ヨーグルトをのせて
冷蔵室で30分ほど水きりする。

② 食パンはトースターなどで焼き、
❶とあんずジャムをのせる。

カマンベールチーズ はちみつ

このパンは、トーストするのがおすすめ。
焼いてすぐにカマンベールをのせて、
少しとろりとさせます。

● 材料（1人分）

カマンベールチーズ … 1/3個（約30g）
はちみつ … 大さじ1
食パン … 1枚

① 食パンはトースターなどで焼き、
薄く切ったカマンベールチーズをのせ、
はちみつをかける。

フレンチトーストいろいろ！

はちみつレモン

● **材料（1人分）**

＊卵液は作りやすい分量

A｜レモン（薄切り）
　　… 1枚
　｜はちみつ
　　… 大さじ1½
B｜卵 … 1個
　｜牛乳 … ½カップ
バター … 小さじ1½
食パン … 1枚

① Aは合わせて15分おく。

② よく混ぜたBに食パンをひたし、バターを溶かしたフライパンで両面をこんがりと焼き、❶をのせる。

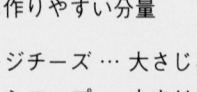

カッテージチーズメープルシロップ

● **材料（1人分）**

＊卵液は作りやすい分量

カッテージチーズ … 大さじ4
メープルシロップ … 大さじ2
A｜卵 … 1個
　｜牛乳 … ½カップ
バター … 小さじ1½
バゲット … 2cm厚さ2枚

① よく混ぜたAにバゲットをひたし、バターを溶かしたフライパンで両面をこんがりと焼き、カッテージチーズとメープルシロップをのせる。

フレンチトーストの作り方

卵液にひたして

卵は溶いて牛乳を混ぜ、パンを加えてフライ返しなどで押さえながら、両面に卵液をしみ込ませる。軽くひたす場合はすぐに焼き、しっかりひたすなら、卵液につけて冷蔵室でひと晩おく。
＊卵液は、軽くひたす⇒食パン4枚分、しっかりひたす⇒食パン2～3枚分

バターでこんがり

フライパンにバターを溶かし、パンを中火で焼き色がつくまで焼く。裏返し、ふたをして弱火で2分、焼き色がつくまで焼く。

126

● 材料 (1人分)

*卵液は作りやすい分量

ハム、スライスチーズ … 各1枚
A｜卵 … 1個
　｜牛乳 … ½カップ
バター … 小さじ1½
食パン … 1枚
粗びき黒こしょう … 少々

① よく混ぜたAに食パンをひた
し、バターを溶かしたフライパ
ンで両面をこんがりと焼く。

② 続けてハムをさっと焼き、❶に
スライスチーズとともにのせ、
黒こしょうをふる。

ハムチーズ

トマト
粉
チーズ

● 材料 (1人分)

*卵液は作りやすい分量

トマト（薄い輪切り）… 2枚
A｜塩、粗びき黒こしょう … 各少々
オリーブ油 … 小さじ1
B｜卵 … 1個
　｜牛乳 … ½カップ
バター … 小さじ1½
食パン … 1枚
バジルの葉（あれば・ちぎる）… 2枚
粉チーズ … 大さじ1

① よく混ぜたBに食パンをひた
し、バターを溶かしたフライ
パンで両面をこんがりと焼く。

② 続けてフライパンにオリーブ
油を熱し、トマトの両面を中
火で焼いてAをふる。❶にバ
ジルの葉、粉チーズとともに
のせる。

瀬尾幸子 （せお ゆきこ）

料理研究家。学生時代から料理研究家のアシスタントを務め、その後、独立。無駄と無理を省いた、シンプルでうまい料理に定評がある。本書では、家族と囲んだ食卓の記憶をヒントにしたレシピも収録。「ねぎみそ」ごはんは父親の大好物で、おしょうゆ味のおかずにパンという組み合わせが意外に合うと教えてくれたのは母親だったという。「ルールは無用、おいしいものを何でものっけて、自分だけの傑作にも挑戦してみてください」。著書に『ラクうまごはんのコツ』（新星出版社）、『みそ汁はおかずです』（学研プラス）、『ごはんがすすむ おかず食堂』（池田書店）など多数。

ラクなのに絶品！のっけごはん&のっけパン170

著　者／瀬尾幸子
編集人／足立昭子
発行人／倉次辰男
発行所／株式会社主婦と生活社
　　　　〒104-8357　東京都中央区京橋3-5-7
　　　　tel.03-3563-5321（編集部）
　　　　tel.03-3563-5121（販売部）
　　　　tel.03-3563-5125（生産部）
　　　　https://www.shufu.co.jp
　　　　ryourinohon@mb.shufu.co.jp
印刷所／凸版印刷株式会社
製本所／共同製本株式会社
ISBN978 4-391-15907-3

デザイン／小林沙織（カバー、p1〜3、p128）
　　　　　関 宙明、松村有里子（ミスター・ユニバース）
　　　　　嶌村美里（studio nines）
撮影／木村 拓（東京料理写真）
スタイリング／大畑純子
調理アシスタント／寺西恵子、石川葉子
構成・取材／相沢ひろみ
校閲／滄流社
編集担当／芹口由佳

＊本書は別冊すてきな奥さん『のっけごはん100』『のっけパン100』を再編集・書籍化したものです。内容は同じですので、ご注意ください。